W0178098

Ein Hauch von Nostalgie breitet sich aus, wenn auf unseren Flüssen hier und da noch ein Dampfer, ein Oldtimer der Wasserstraßen, aufkreuzt. Für einen Augenblick erinnert uns dieses Bild daran, wie die von Maschinen angetriebene Schiffahrt begonnen hat. Mühevoll und schwierig war der Weg, verbunden mit vielen Opfern und persönlichem Leid. Immer wieder hatte der Mensch in den zurückliegenden Jahrhunderten versucht, mit Hilfe vielfältiger Mechanismen die begrenzten eigenen Muskelkräfte mit dem Ziel zu überlisten, stärkere Kräfte im Schiffsantrieb zu erzeugen, um von Wind und Strömung, den Launen der Natur, unabhängig zu sein. Erst mit der Wattschen Dampfmaschine seit Ende des 18. Jahrhunderts stand die nie erlahmende Kraftmaschine zur Verfügung. Doch waren die ersten Schiffsmaschinen unwirtschaftlich, groß und schwer. Auch fuhr man vorerst nicht in jedem Fall absolut schneller als ein Segelschiff. Deshalb war es nicht verwunderlich, wenn damals ein »Schiff« einen Dampfer überholte. Noch hatte ein Dampfer ja nicht die Ehre, als ein Schiff bezeichnet zu werden! Schließlich setzten sich aber Wirtschaftlichkeit, Regelmäßigkeit, Pünktlichkeit und auch die Schnelligkeit der Dampfschiffe durch ...

Hans-Joachim Rook

Oldtimer der Flüsse und Meere

Urania-Verlag Leipzig Jena Berlin

Autor: Dr. phil. Hans-Joachim Rook, Berlin
       Institut für Wirtschaftsgeschichte an
       der Akademie der Wissenschaften der DDR

Illustrationen: Lutz E. Müller

Rook, Hans-Joachim:
Oldtimer der Flüsse und Meere / Hans-Joachim
Rook. Ill.: Lutz E. Müller. − 3. Aufl. − Leipzig ;
Jena ; Berlin : Urania-Verlag, 1988. − 128 S. :
Ill. (farb.)
(Akzent; 53)

NE: GT   ISBN 3-332-00233-3

ISBN 3-332-00233-3
ISSN 0232-7724

3. Auflage 1988
Alle Rechte vorbehalten.
© Urania-Verlag, Leipzig, Jena, Berlin,
Verlag für populärwissenschaftliche Literatur, Leipzig 1981
VLN 212-475/135/88   LSV 3869
Lektor: Ewald Oetzel
Einbandreihenentwurf: Helmut Selle
Printed in the German Democratic Republic
Lichtsatz: INTERDRUCK Graphischer Großbetrieb −
III/18/97
Druck und buchbinderische Verarbeitung:
Druckerei Neues Deutschland
Best.-Nr.: 653 6820
00450

Inhalt

Prolog

Er war wohl einer der letzten Könige in unserem Land, der am 30. April 1974 abdanken mußte. 65 Jahre hatte er seinen Dienst versehen, jahrzehntelang das Bild unserer großen Flüsse mitgeprägt: der Seitenrad-Schleppdampfer »Württemberg«. »Könige des Stroms« waren diese Schlepper genannt worden. Kraftvoll, ja geradezu majestätisch hatten sie zehn und mehr Kähne durch die Fluten gezogen. Einen Kilometer und länger waren die Schleppverbände. Die notwendige Kraft von mehreren hundert »Pferdestär-

»Württemberg«

ken«[1] lieferte eine Dampfmaschine — von außen nur zu erkennen an den beiden Schornsteinen mit ihren Rauchfahnen.

Nun war auch für die »Württemberg« die letzte Fahrt gekommen. Noch einmal ging es die Elbe aufwärts bis in die ČSSR und dann zurück nach Magdeburg. Viele nahmen Abschied von dem über die Toppen geflaggten Oldtimer. 1909 auf der Roßlauer Werft (ehemals Gebr. Sachsenberg) gebaut, hatte die »Württemberg« 800 000 Stromkilometer zurückgelegt. Das entspricht einer 20maligen Erdumrundung. Die dabei vollbrachte Leistung: 2 Milliarden tkm (Tonnenkilometer). Jetzt zwang der technische Fortschritt auch diesen Schleppdampfer, in den Ruhestand zu treten. Doch er wird nicht in Vergessenheit geraten. Der »König der Ströme« wird weiterleben als technisches Denkmal, zu besichtigen im Magdeburger Kulturpark, ein historisches Zeugnis jener Epoche, in der mit dem Einsatz der vom Engländer James Watt entwickelten neuen Kraftmaschine, der Dampfmaschine, auch in der Schiffahrt ein neues Zeitalter begonnen hatte.

---

[1] Die Einheit Pferdestärke (PS), so anschaulich sie auch erschien, als sie zu Anfang des 19. Jahrhunderts in Gebrauch kam, ist hinsichtlich ihrer Definierbarkeit recht problematisch. Sie ist veraltet und durch die exaktere Einheit Watt abgelöst (1 PS = 735,498 75 W).

Selbstfahrer
gegen Wind und Flut

Das Alter der Schiffahrt zählt nach Jahrtausenden. Ganz am Anfang stand das Floß. Mit verbesserten Werkzeugen und mit Hilfe des Feuers konnte dann der Einbaum hergestellt werden. Wichtigste Antriebsmittel waren Muskelkraft und Strömung. Zum Vorwärtsbewegen — zum Vortrieb — mußte gestakt und gepaddelt werden. Dann begann man zusätzlich den Wind zu nutzen. 6 000 v. u. Z. sollen bereits mit Segeln ausgerüstete Boote auf dem Nil gefahren sein.

Schließlich lernte man, das Schiff per Hebelgesetz vorwärts zu bewegen. Der Riemen bzw. das Ruder waren erfunden worden. Größer und stabiler wurden die Schiffe, immer ausgedehnter die Fahrtrouten. Der Handel weitete sich aus. Bald fuhr man nicht nur auf Binnengewässern, auf Flüssen und Seen, sondern wagte sich auch aufs offene Meer hinaus — lange Zeit nur entlang der Küsten, dann aber auch hinaus bis auf die Ozeane. Und eines Tages, es war der 20. September 1519, brach einer der Wagemutigsten mitsamt einer ganzen Schiffsbesatzung auf, um rund um die Erde zu fahren. Die Antriebskräfte waren jedoch noch immer die gleichen wie vor Jahrhunderten, ja Jahrtausenden: Wind und Strömung, beides kostenlose Antriebskräfte. Doch oft bläst der Wind aus der verkehrten Richtung oder gar nicht. Und jeder Fluß fließt talwärts, niemals umgekehrt. So waren dann Hunderte, ja Tausende Galeeren im Einsatz, um Seeschiffe zusätzlich mit Hilfe des Ruderschlages, also durch Muskelkraft, in Fahrt zu bringen. Und im Binnenland waren es Pferde, Knechte und Treidler, die entlang den Flüssen die Kähne berghoch zogen.

Treidler

Bis ins 18. Jahrhundert hinein blieben Mensch und Tier sowie Wind und Strömung mit ihrer physikalischen Energie die entscheidenden Antriebskräfte, die ausschließlichen Kraft»maschinen«; und das nicht nur in der Schifffahrt, sondern im gesellschaftlichen System der Produktivkräfte überhaupt.

Bei den Launen der Natur und dem begrenzten Leistungsvermögen der Muskelkräfte waren in der Schiffahrt Fahrzeiten von Wochen und Monaten bis hin zu Jahren keine Seltenheit. 1850 schrieb ein Seglerkapitän vor Gibraltar ins Tagebuch: »... fanden hier eine große Anzahl Fahrzeuge vor, wenigstens 1 000 Segel, die durch Windstille am Auslaufen verhindert waren. Tatsächlich ist seit den letzten drei Monaten kein Schiff imstande gewesen, in den Atlantik hinaus zu kommen.« Ursache dafür war eine

noch heute vorhandene Oberflächenströmung, da das Mittelmeer durch die hohen Wasserverluste infolge intensiver Verdunstung ständig vom Atlantik aus »nachgefüllt« wird. Derartige Abhängigkeiten von den Einflüssen der Natur waren für Reeder, Händler und Kaufleute, waren für die aufstrebende Bourgeoisie wenig geeignet, einen zuverlässigen, exakter zu kalkulierenden weltweiten Verkehr und Handel zu entwickeln. Und der sich seit dem 17. Jahrhundert in Westeuropa (England, Niederlande) herausbildende Kapitalismus gestaltete im Drang nach immer mehr Rohstoffen und Absatzmärkten Produktion und Konsumtion zunehmend weltweit. Dafür brauchte man aber eine alle Kontinente verbindende Schiffahrt, nicht nur mit geringen Kosten, sondern zugleich auch sicher, regelmäßig und schnell. »Time is money!« — »Zeit ist Geld!«

An Ideen, Vorschlägen und Experimenten hatte es nicht

11

gefehlt, stets schnellere, leistungsfähigere Schiffe zu bauen. Man verbesserte die äußere Form, richtete mehretagige Ruderreihen ein, entwickelte die Takelage weiter. Wollte man jedoch unabhängig sein von den Launen des Windes, von der nur in eine Richtung gehenden Strömung und von der leistungsbegrenzten Muskelkraft, mußte man zwei speziell für ein Schiff bestimmte Mechanismen schaffen: einen Antrieb, der bei dem geringen Raum auf dem Schiff — um 1800 lag die Größe der Seeschiffe bei 200 bis 300 BRT (Brutto-Register-Tonnen) — klein, leicht und leistungsstark war, und einen Vortrieb, durch den die erzeugte Kraft weitgehend genutzt wurde. Für den Vortrieb gab es seit Menschengedenken Staken, Paddel oder Ruder. Außerdem war seit geraumer Zeit das Schaufelrad bekannt. Es war das Wasserrad (Mühlrad), bewegt durch fließendes Wasser. Beim Schiff kam nur das entgegengesetzte Prinzip zur Anwendung. Seitlich angebrachte Räder, besetzt mit Schaufeln, wurden über Kurbeln oder Göpel mit Hilfe der Muskelkraft von Menschen oder Tieren durch das Wasser gedreht, um das Schiff vorwärts

Pferdegöpel

zu bewegen. Was jedoch grundsätzlich fehlte, war eine Maschine, die die notwendige, über längere Zeit konstante Leistung aufbrachte. Diese gab es noch nicht. Sie mußte erst erfunden werden.

Dabei entsprang das unmittelbare, drängende Bedürfnis nach einer derartigen Kraftmaschine weniger der Schifffahrt als vielmehr dem Bergbau. Englands Bergleute kamen um die Wende vom 17. zum 18. Jahrhundert nicht mehr tiefer in die Erde, um Steinkohle abzubauen; denn mit jedem zusätzlich abgetäuften Meter floß mehr Wasser in die Stollen; und die herkömmlichen Schöpf- und Pumpwerke mit ihren begrenzten Antriebskräften — den gleichen wie beim Schiff — bewältigten die Wassermassen nicht mehr. Dennoch blieb der erste ernsthafte Versuch zum Bau einer Kraftmaschine eng mit der Schiffahrt verbunden, hatte doch sein Konstrukteur die Bedeutung seiner »Dampfmaschine« für den Antrieb von Schiffen erkannt.

Denis Papin, 1647 in Frankreich geboren und später als Hugenotte aus seinem Heimatland vertrieben, war seit 1688 als Professor der Mathematik im Dienste des Landgrafen von Hessen-Kassel tätig. Eine von ihm entworfene »Dampfmaschine« bestand aus Zylinder und Kolben gleich der vom Magdeburger Bürgermeister Otto von Guericke (1602–1686) entwickelten Luftpumpe. Über eine gezähnte Kolbenstange (Zahnstangenübertragung) sollten die Schaufelräder eines Bootes in Bewegung gesetzt werden. Die bewegende Kraft wollte Papin durch Ausnutzung der Kraft des Luftdruckes — ebenfalls nachgewiesen durch Otto von Guericke — erreichen. Mit Hilfe des Wasserdampfes, der beim Erhitzen expandiert (sich ausdehnt) und beim Abkühlen kondensiert (sich wieder verflüssigt), versuchte Papin, im Zylinder unter dem Kolben einen »leistungsfähigen« luftleeren Raum zu schaffen. Das gelang jedoch nicht. Die technischen und theoretischen Probleme waren beim damaligen Erkenntnisstand zu schwierig, um sie erfolgreich meistern zu können. Papins ·»Dampfmaschine« blieb ein Modell, obwohl die späteren — Watts Vorläufer — als sogenannte atmosphärische Maschinen nach gleichem Prinzip arbeiteten. Trotz der ersten Fehlschläge glaubte Papin fest daran, mit Hilfe der Dampfkraft »gegen den Wind rudern zu können«.

Papin baute — entgegen anderen Behauptungen — kein Dampfschiff. Was er jedoch 1707 fertigstellte, war ein Boot mit seitlich angebrachten Schaufelrädern; sie wurden von Menschen per Muskelkraft bewegt. Mit diesem Schiff wollte Papin von Kassel aus über die Fulda, die Weser und die Nordsee nach London fahren, um — wie er dem Berliner Gelehrten Gottfried Wilhelm Leibniz (1646–1716) schrieb — »an diesem Modell zu zeigen, daß es leicht sein wird, andere zu bauen, in denen die Dampfmaschine sich unschwer anwenden läßt. Es ist wichtig, daß die neue Schiffskonstruktion in einem Seehafen wie London erprobt wird, wo man das Schiff tief genug bauen kann, um die neue Erfindung daran zu prüfen, wie sie mit Hilfe des Dampfes ein oder zwei Menschen befähigen wird, mehr Kraft auszuüben als sonst 100 Bootsleute«.

Am 24. September 1707 verließ Papin mit seinem Boot Kassel. Einen Tag später war er in Münden, dort, wo Werra und Fulda zusammenfließen. Die Schiffer von Münden besaßen aber seit Jahrhunderten »ausschließliche Privilegien« für Schiffahrt und Handel auf der Weser. Diese Rechte ließen sie sich von niemandem streitig machen, schon gar nicht von Herrn Papin, der obendrein mit einem so »neumodischen« Kahn erschienen war. Überdies hatten die Mündener Schiffer Rückendeckung bei der kurfürstlichen Hoheit, die »ohne Angabe von Gründen« eine Durchfahrt durch kurfürstlich-hannoversches Gebiet untersagt hatte. Deshalb schritt die Mündener Schiffergilde, ohne lange zu zaudern, zur Selbstjustiz. Man schlug das Boot kurz und klein. Papin kam hinter Schloß und Riegel. Erst durch Vermittlung von Leibniz wurde er wieder freigelassen. Papin zog sich enttäuscht nach England zurück. Aber auch hier blieb ihm die Anerkennung versagt. Er starb in ärmlichen Verhältnissen. Nicht einmal sein Todesjahr ist bekannt. Ein letztes Schriftstück von ihm datiert aus dem Jahre 1712. Von allen seinen Vorgängern — so erklärte später James Watt — sei Papin das größte Genie gewesen.

In den nachfolgenden Jahrzehnten griffen zahlreiche Wissenschaftler, Techniker, Mechaniker und »Kunstmeister«, wie man die ersten Maschinenbauer nannte, Papins Ideen zum Bau eines Dampfschiffes auf. Viele entwarfen Skizzen und Zeichnungen, ließen sich ihre Projekte patentieren, ohne sie jemals auch nur in Ansätzen realisiert zu haben. So meldete 1736 der Engländer Jonathan Hull die Anwendung einer atmosphärischen Maschine »zum Befördern der Schiffe in den Hafen und aus ihm heraus bei widrigem Wind und bei Wasserströmen oder bei Windstille« zum Patent an. Alle Versuche mit einem derartigen Schleppboot mißlangen aber. Hull erntete

Schaufelradschiff nach einem Entwurf aus dem Jahre 1410

Spott und Hohn. Obwohl zu dieser Zeit bereits die von seinem Landsmann Thomas Newcomen entwickelte atmosphärische »Dampfmaschine« mit Erfolg im Bergbau Wasser pumpte, waren diese »Feuermaschinen« wegen ihrer Größe und geringen Leistung für den Schiffsbetrieb kaum geeignet.

Ebenso erfolglos blieben in den 70er Jahren des 18. Jahrhunderts die Dampfbootversuche der Franzosen Auxiron, Perrier und Gautier. Und auch ihrem Landsmann, dem Marquis Claude de Jouffroy d' Abbans, blieb ein Erfolg versagt, wenngleich er von den Franzosen als die »bedeutsamste Persönlichkeit in der Geschichte der Erfindung eines wirklich brauchbaren Dampfschiffes« bezeichnet wird.

Viele Menschen waren am 15. Juli 1783 am Ufer der Saône bei Lyon zusammengeströmt. Jubel brach aus, als sich ein Schiff mit Schornstein, eine Rauchfahne hinter sich herziehend, auf dem Fluß in Bewegung setzte. Es war die von Jouffroy erbaute »Pyroscaphe« (»Feuer«boot). 15 Minuten lang dampfte das Schiff gegen den Strom an. Dann ging der Maschine die Puste aus. Als der Marquis dennoch bei König Ludwig XVI. um ein Patent nachsuchte, erhielt er es nicht.

Für die Herren Gutachter der französischen Akademie war der Weg von Paris nach Lyon zu weit, »um sich selbst von der Sache zu überzeugen«. Jouffroy sollte die Leistungsfähigkeit seines Bootes auf der Seine nachweisen. Als gar noch die »Dampfboot-Experten« Perrier und Gautier negative Stellungnahmen verfaßten, stellte Jouffroy mit Ausbruch der Revolution 1789 vorerst weitere Versuche ein. Somit waren zunächst alle Bemühungen zum Bau eines Dampfschiffes an der Antriebsmaschine gescheitert. Erst durch die Dampfmaschinenkonstruktionen von James Watt (1736–1819), vor allem mit der 1784 patentierten doppeltwirkenden Kolbendampfmaschine mit Schwungrad, stand die universell einsetzbare Kraftmaschine zur Verfügung. Und jetzt tauchten auch wieder ernst zu nehmende Dampfschiffprojekte auf, fast gleichzeitig in Nordamerika und in Europa.

Am 27. September 1785 legte John Fitch der Amerikanischen Philosophischen Gesellschaft zu Philadelphia

»Pyroscaphe«

Modell und Zeichnungen eines Dampfbootes vor. Zusammen mit einem holländischen Berufskollegen, dem Uhrmacher Henry Voight, gründete er eine Gesellschaft. Das Startkapital betrug 300 Dollar. Im Sommer 1787 war ein 9 t großes Schiff fertig, mit dem Versuchsfahrten auf dem Delaware unternommen wurden. Den Antrieb besorgte eine doppeltwirkende Einzylinderdampfmaschine. Hinsichtlich des Vortriebes hatte man sich für sechs über Deck montierte Schwingkoppelpaddel entschieden. Die Geschwindigkeit betrug etwa 3 Meilen pro Stunde (knapp 5 km/h).

Im Herbst 1788 hatte Fitch ein weiteres Boot fertiggestellt. Mehrmals wurde die Dampfmaschine verbessert. Im Vortrieb experimentierte man jetzt mit Heckpaddeln, sogenannten Entenbeinpaddeln. Schließlich fuhr man 8 Meilen pro Stunde (knapp 13 km/h).

Im Zusammenhang mit Fitchs Versuchen auf dem De-

»*Experiment*«

laware bemerkte der amerikanische Staatsmann Benjamin Franklin, der ja auch als Erfinder des Blitzableiters in die Geschichte einging, in einem Brief: »Wir haben hier gegenwärtig nichts neues Physikalisches, außer daß ein durch Dampf bewegtes Boot auf unserem Fluß sich selbst gegen die Flut rudert. Man glaubt die Einrichtung so vereinfachen und vervollkommnen zu können, daß sie allgemein nützlich werde.«

Fitch hatte eines seiner ersten Boote »Perseverance« — Ausdauer, Beharrlichkeit — getauft; beharrlich bemühte er sich selber weiter um ein einsatzfähiges Dampfschiff. Am 14. Juli 1790 erschien dann in Philadelphias Zeitungen folgendes Inserat: »Das ›steamboat‹ ist nun bereit, Passagiere zu nehmen, und soll ... jeden Montag, Mittwoch und Freitag nach Burlington, Bristol, Bardstown und Trenton ablegen, um Dienstag, Donnerstag und Samstag zurückzukehren ...« Das Dampfschiff mit dem Namen »Experiment« legte über 3 000 km zurück. Der Vortrieb bestand aus drei Entenbeinpaddeln am Heck. Es gab nur wenige Pannen. Für Fitch wurde die Passagierfahrt dennoch zum Verlustgeschäft. Bei geringer Nachfrage überstiegen die Ausgaben bald die Einkünfte. Kapitalbesitzer versagten aus Angst vor Fehlinvestitionen, aber auch aus Unverständnis und Mißgunst finanzielle Hilfe. Fitch war Techniker und kein Geschäftsmann. Als die zwei Übel, die auf einen Mann äußerst peinigend wirken können, nannte er: »Das eine ist eine zänkische Frau, und das andere der Trieb, Dampfboote zu erfinden. Ist nun ein Mann von beiden geplagt, so muß er als der unglücklichste aller Menschen unter der Sonne angesehen werden.« Neben den familiären Schwierigkeiten trafen ihn kostspielige Patentstreitigkeiten mit seinem Landsmann James Rumsey besonders hart. Rumsey hatte sich zur gleichen Zeit wie Fitch an einem Boot mit Wasserstrahlantrieb versucht, doch bevor er einen Erfolg erzielen konnte, verstarb er 1793.

Als ein Unwetter ein im Bau befindliches größeres Boot zerstört hatte, war Fitch pleite. Er verließ die USA und fuhr nach Frankreich, anschließend nach England. Aber nirgends fand er Anerkennung. Zurückgekehrt in seine Heimat, dem Hungertod nahe, vergiftete sich Jonathan Fitch am 25. Juni 1798 in Bardstown/Kentucky. Hundert Jahre später setzte man ihm in seiner Vaterstadt Warminster/Pennsylvania ein Denkmal mit der Inschrift: »John Fitch faßte hier die Idee des ersten Dampfbootes.« Ungeachtet seiner Enttäuschungen war Fitch vom Sieg der Dampfschiffahrt fest überzeugt: »Es wird der Tag kommen, wo ein Mächtigerer Ruhm und Reichtum durch meine Erfindung ernten wird; aber jetzt will niemand glauben, daß der arme Jonathan Fitch etwas Beachtenswertes zu leisten vermag.« Dieser »Mächtigere« sollte sein Landsmann Robert Fulton sein.

Robert Fulton, 1765 in Little Britain/Pennsylvania geboren, sollte Feinmechaniker werden. Ihn zog es aber zur Kunst. Nach heimischen Studien wollte er sich an Ort und Stelle mit der europäischen Kunst vertraut machen. Mit 21 Jahren kam er nach London, um sich in der Malerei zu vervollkommnen. Doch hier trieb es ihn endgültig zur Technik. Vor allem hatten es ihm Pläne und Projekte für den Bau von Dampfmaschinen angetan. Mehr noch! Fulton weilte just zu der Zeit in England, als man dort erste, verheißungsvolle Dampfbootexperimente unternahm. Es waren der gleiche Monat und das gleiche Jahr, in dem Fitch mit seinen Heckpaddel-Versuchen auf dem Delaware begonnen hatte.

Man schrieb den 14. Oktober 1788. Die Bewohner der südschottischen Ortschaft Dalswinton kamen aus dem Staunen nicht heraus. Auf ihrem See fuhr tatsächlich ein »mit Rauch betriebenes Schiff«. An seinem Bau — die Größe betrug 5 t — waren gleich mehrere beteiligt. Seit langem schon hatte ein Bankier namens Patrick Miller mit sogenannten Doppelrumpfbooten experimentiert. Eines Tages soll nun sein Hauslehrer namens James Taylor die Idee gehabt haben, eine Dampfmaschine in ein derartiges Boot einbauen zu lassen. Taylor bat einen Schulfreund, den auf einer Zeche tätigen Maschinenmeister William Symington, den Einbau vorzunehmen. Den Auftrag dazu erteilte der Bankier. Nach dem erfolgreichen Auftakt dampfte man ein Jahr später mit einem zweiten, größeren Boot über den Firth of Forth. Aber der Vortrieb erwies sich als zu schwach. Die Schaufeln der Ruderräder brachen. Andere Schäden kamen hinzu. Für den Bankier wurde die Sache immer kostspieliger. 30 000 Pfund hatte er bereits investiert. Jetzt stellte er seine Zahlungen ein. Symington konnte nicht mehr fahren. Das Dampfschiff wurde stillgelegt. (Später wollten alle drei, Miller, Taylor und Symington, das Dampfschiff erfunden haben.)

Zehn Jahre vergingen! Lord Dundas of Kerse, Gouverneur des Forth-and-Clyde-Kanals, suchte bessere Pferde zum Schleppen der Kanalboote. Man erinnerte sich an Symington und beauftragte ihn, einen dampfbetriebenen Schlepper zu bauen. 1802 war das Schiff fertig. Zu Ehren der Tochter des Lords hieß es »Charlotte Dundas«. Es war ein Heckrad-Schleppdampfboot, angetrieben von einer Wattschen doppeltwirkenden Dampfmaschine von 7,35 kW (10 PS). Die bleibende Leistung der »Charlotte«: Sie schleppte zwei 70-t-Kähne in 6 Stunden über eine Strecke von 31,5 km, und das bei so starkem Gegenwind, bei dem ein anderes Schiff ohnehin nicht hätte fahren können. Hatte Symington nun gehofft, Anerkennung zu finden, so wurde er wieder bitter enttäuscht. Die Herren Aktionäre der Kanalgesellschaft befürchteten, daß die vom Schaufelrad aufgeworfenen Wellen die Kanalböschungen zerstören könnten und damit der Vorteil der neuen Technologie durch größeren Nachteil gegenüber dem traditionellen Pferdeschlepp aufgehoben würde. »Charlotte Dundas« wurde stillgelegt – und nach Jahren abgewrackt. Doch noch einmal stellten sich für Symington Erfolgsaussichten ein, als ihn Lord Dundas an den Herzog von Bridgewater weiterempfahl. Symington sollte für diesen Kanalbesitzer gleich mehrere Dampfschlepper bauen. 1803 starb aber der Herzog. Wieder mußte Symington, der selber über kein Geld verfügte, seine Arbeiten einstellen. Nur durch Unterstützung von Freunden und Verwandten blieb ihm ein ähnliches Schicksal wie das von Papin und Fitch erspart. Symington starb 1831 – ohne Reichtum und Ruhm.

Der in England weilende Amerikaner Robert Fulton, von James Watt zum Bau eines Dampfschiffes ermuntert, mußte bald erkennen, daß sich seine Pläne hier nicht

»Charlotte Dundas«

»Clermont«

realisieren ließen. 1797 zwangen ihn pekuniäre Sorgen, von England nach Frankreich überzusiedeln. Beide Staaten befanden sich zu dieser Zeit wieder einmal im Krieg. Fulton begann deshalb mit dem Bau eines U-Bootes namens »Nautilus«. (Zur Erinnerung daran tauften die Amerikaner ihr erstes Atom-U-Boot ebenfalls »Nautilus«.) Napoleon war entzückt. Inzwischen schloß man aber Frieden. Das Interesse am U-Boot schwand. Nun wandte sich Fulton dem Bau eines Dampfschiffes zu. Unterstützung fand er bei seinem Landsmann, dem Gesandten Robert Livingston, der sich zu Hause vergeblich bemüht hatte, einen Dampfbootverkehr auf dem Hudson einzurichten. Mit Livingstons Geld und Fultons technischem Talent wurde 1802 in Paris ein Versuchsboot fertiggestellt. Jedoch war die Maschine zu schwer. Das Boot zerbrach und versank in der Seine. Anfänglich hatte Napoleon auch für dieses Projekt großes Interesse gehabt und seinen Minister de Champagny ermahnt: »Sie haben mich viel zu spät darauf aufmerksam gemacht, daß dieses amerikanische Projekt imstande ist, das Aussehen der Welt zu verändern. Eine großartige Wahrheit steht vor meinen Augen.« Nun wurde Napoleon mißtrauisch: »In allen Hauptstädten treibt sich derzeit eine Menge von Abenteurern und Projektemachern herum, welche jeder Regierung angebliche Entdeckungen anbieten, die nur in der erhitzten Einbildungskraft bestehen. Es sind Scharlatane und Betrüger, welche lediglich Gelderpressungen vor Augen haben. Dieser Fulton ist einer von dieser Sorte. Sprechen Sie mir nie mehr von ihm.« Die geglückte Fahrt eines zweiten Versuchsdampfbootes auf der Seine wurde in Paris schnell vergessen. Man befand sich mit England erneut im Krieg, der die ganze Aufmerksamkeit verlangte. Nur als Kaiser Napoleon I. im Jahre 1815 seine letzte Fahrt mit einem Segelschiff nach St. Helena antreten mußte und ein englisches Dampfschiff an dem Segler vorüberzog, wurde der große Korse stutzig. Er fragte den wachhabenden Offizier, wer es gebaut hätte. Die Antwort lautete lakonisch: »Robert Fulton.«

Im Jahre 1804 reiste Fulton nach England zurück. Neuerlich versuchte er sich am U-Boot-Bau. Wohlwollende Unterstützung fand er nicht. Sein Projekt blieb Utopie.

1806 begab sich Fulton wieder auf Heimatkurs nach Amerika. Zuvor hatte er aber in der weltbesten Dampfmaschinenfabrik Boulton & Watt in Soho bei Birmingham eine Dampfmaschine bestellt. Es war erst die dritte, die nach Amerika exportiert wurde.

Nachdem diese Dampfmaschine in New York angekommen war, begann Fulton mit neuerlicher Unterstützung von Livingston den Bau eines Dampfschiffes. Es entstand am East River auf der Werft von Charles Brown. Im Frühjahr 1807 war Stapellauf. Getauft wurde es auf den Namen »North River Steamboat of Claremont«.

Bekannt für uns ist es jedoch unter dem Kurznamen mit der Schreibweise »Clermont«. Ganz offensichtlich handelt es sich dabei um die Transkription des Wortes »Claremont«. So hieß der Landsitz von Livingston. Und auch Fulton soll in der von ihm angefertigten Originalzeichnung den Namen »Claremont« eingetragen haben. Dennoch wird nachfolgend die bekanntere Schreibweise »Clermont« beibehalten.

Das Schiff war zunächst 79 t groß. Seine Abmessungen: 43,28 m Länge, 4,267 m Breite und 1,219 m Seitenhöhe. Ein Jahr später wurde es umgebaut und auf 182 t vergrößert (45,414 m × 5,462 m × 2,134 m). Die Maschine leistete annähernd 15 kW (20 PS). Der Dampf wurde in einem Kupferkessel mit gemauerter Unterfeuerung erzeugt. Die beiden seitwärts angebrachten Schaufelräder von 4,57 m Durchmesser wurden über Kropfwelle und ein von Fulton konstruiertes Getriebe in Bewegung gesetzt. Auf den Rädern saßen 8 Radialschaufeln. Während der ersten Versuchsfahrten – das Oberdeck war noch nicht ausgebaut – charakterisierten Zuschauer das Schiff als »genauso aussehend wie eine Hinterwald-Sägemühle, auf einer Schute errichtet und angezündet«. Nach erfolgreichen Probetörns ging es dann am Montag, dem 17. August 1807, um 13 Uhr von New York aus auf Jungfernfahrt.

Ein Zeitgenosse berichtet: »Die große Volksmenge, die sich an der Werft versammelt hatte, um zu sehen, was aus ›Fultons Narrheit‹ werden würde, schrie und höhnte: ›God help you, Bobby! Bring uns ein Stück vom Nordpol mit!‹ Fulton traf lächelnd die Vorbereitungen zur Abfahrt von der Landungsbrücke ... Er ließ Feuer anzünden, und die

»Clermont«-Schiffsmaschine

Rauchwolken wirbelten zum Schornstein hinaus, die Ankertaue wurden eingezogen, die Seitenräder begannen zu rütteln und sich langsam zu drehen.

Fulton wendet, mit der Hand am Steuerruder, den Bug. Er ist bleich, aber voll Vertrauen und Selbstbeherrschung. Die ›Clermont‹ arbeitet sich in den Strom, die schwere Maschine schlägt und stöhnt, die frei liegenden Räder schlagen und spritzen, der Schornstein speit wie ein Vulkan. Das Schiff bewegt sich dauernd vorwärts, alle Leute an Bord schwingen ihre Hüte in die Luft und schreien ›Hoch!‹ ...

Unterwegs erregte die ›Clermont‹ an beiden Ufern sowohl wie auf dem Strom selbst überall Angst und Schrekken. Es war unsichtiges Wetter, und das Kesselfeuer wurde mit trockenem Fichtenholz unterhalten, das beim Schüren aus dem Schornsteinkopf Flammensäulen und Funkenschwärme entsandte. Diese vulkanische Erscheinung im Verein mit ihrem stetigen Fortgang inmitten des gewaltigen Stromes und begleitet von dem Lärm und Gestöhn der schwer arbeitenden Maschine, war gut geeignet, Schrecken in der Seele der Seeleute zu erwecken, die in ihren mit Korn und anderen landwirtschaftlichen Erzeugnissen beladenen Schaluppen und Kähnen langsam den Strom hinabschwammen, zumal da sie niemals davon gehört hatten, daß Schiffe auch ohne Wind zu bewegen seien, und zugleich außerordentlich abergläubig waren. Mein Vater und andere erzählten mir, daß ganze Schiffsmannschaften auf die Knie fielen und die Göttliche Vorsehung baten, sie vor diesem schrecklichen Ungetüm zu beschützen, das da auf der Strömung schwamm und seinen Weg durch Feuer beleuchtete.«

Nach 32 Stunden war die 240 km von New York stromauf liegende Stadt Albany erreicht. Die »Clermont« hatte ihre Probefahrt glänzend bestanden. Am 4. September 1807 ging es auf die erste Reise. Zwischen New York und Albany wurde ein regelmäßiger Verkehr aufgenommen. Bis 1814 war das Schiff in Dienst. Eine Fahrt kostete 7 Dollar.

Fulton schrieb über seine erste Fahrt: »Ich überholte viele Schaluppen und Schoner und fuhr an ihnen vorüber, als lägen sie vor Anker. Die Dampfkraft zum Treiben von Schiffsbooten ist nun voll erprobt worden. Am Morgen, als ich New York verließ, gab es nicht 30 Personen, welche glaubten, daß mein Boot auch nur eine halbe Meile stündlich laufen würde, und während wir die Landungsbrücke verließen, welche mit Zuschauern bedeckt war, mußte ich viele sarkastische Bemerkungen anhören. Dies ist die Art, in welcher Unwissende die Leute begrüßen, welche sie ›Philosophers‹ (Spinner) und ›Projektemacher‹ nennen. Auch die Aussicht auf persönlichen Vorteil wurde mir als Beweggrund zugeschrieben, doch ich fühlte unendlich mehr Vergnügen in dem Gedanken an die ungeheuren Vorteile, die meinem Vaterlande durch diese Erfindung zuteil werden würden.«

Beim reinen Vergnügen und bei ausschließlichen Vorteilen fürs Vaterland blieb es natürlich nicht. Fulton sicherte sich mit einem mehrjährigen Monopol die Dampfschiffahrt auf allen Flüssen der Vereinigten Staaten. Neue Schiffe folgten: 1810 »Car of Neptune« und »Raritan«; 1811 »New Orleans«, das erste für den Mississippi bestimmte Dampfschiff; 1814 »Fulton I.«, das erste Kriegsdampfschiff. Dennoch geriet Fulton zunehmend in finanzielle Schwierigkeiten. Die Konkurrenz nahm zu. Unstimmigkeiten mit dem Kompagnon traten auf. Fulton war gezwungen, sein Privileg nach und nach für ein Spottgeld zu verkaufen. Mit vielen Ehrungen bedacht, dafür aber eine Schuldenlast von 100 000 Dollar hinterlassend, starb Robert Fulton am 24. Februar 1815.

Gegenüber allen seinen Vorgängern blieb ihm unvergänglicher Ruhm. Zwar hat Fulton das Dampfschiff nicht »erfunden«. Das war insofern nicht mehr nötig, als alle erforderlichen technischen und konstruktiven Elemente vorhanden und versuchsweise auch schon erfolgreich erprobt worden waren. Fultons großer Beitrag war seine Fähigkeit, die Arbeiten früherer »Dampfschiffbauer« zu einem Erfolg vereinigt zu haben. Und dafür standen ihm auch die erforderlichen finanziellen Mittel zur Verfügung, ohne die er seine Ideen nicht hätte realisieren können. Ausreichendes Kapital konnte aber nur derjenige erhoffen, dessen Erfindungen und Konstruktionen mit großer Wahrscheinlichkeit eine erfolgversprechende Produktion garantierten, die auch Profit brachte. Spätestens hier entschied sich, was Bestand hatte oder was unterging. Nichtausgereifte Produktionsmittel brachten keinen Gewinn. Sie waren deshalb zum Scheitern verurteilt. Deutlich zeigte sich das auch bei Fultons Vorgängern im Bemühen, den Dampfantrieb in das Verkehrs- und Transportwesen einzuführen.

Technisches Talent und die notwendigen finanziellen Mittel sicherten Fulton den Ruhm, das erste brauchbare Dampfschiff in Dienst gestellt zu haben. Mit der Fahrt der »Clermont« gelang der Dampfschiffahrt der endgültige Durchbruch. Die für die Schiffahrt genutzten jahrtausendealten, doch unzuverlässigen und leistungsschwachen Antriebskräfte Wind, Strömung und Muskelkraft wurden – wenn anfänglich auch zögernd – abgelöst von der zuverlässigen und leistungsstarken Kraftmaschine, der Dampfmaschine. Sie war es dann auch, die dem qualitativ neuen Verkehrs- und Transportmittel den Namen gab: Dampfer.

Dampfsegelboote
in Europa

Die ihn kannten, charakterisierten ihn als einen Mann von bemerkenswerter Verschlagenheit, mit spekulativem Sinn und mit Humor. Er war Viehhirt, Maurer, Zimmermann, Mühlen- und Schiffbauer. Er richtete Bleichereien und Färbereien ein, kam mit Patentrechten in Konflikt und handelte mit Maschinen. Schließlich erwarb er am Clyde bei Helensburgh (Schottland) eine Badeanstalt. Am 5. August 1813 überraschte er die Öffentlichkeit mit folgender Anzeige:

»Dampf-Reiseboot der ›Comet‹ zwischen Glasgow, Greenock und Helensburgh, ausschließlich für Fahrgäste.

Der Unterzeichnete hat nach vielen Kosten ein schönes Schiff auf dem Clydefluß zwischen Glasgow und Greenock in Fahrt gestellt, welches bestimmt ist, mit der Kraft des Windes und des Dampfes zu segeln ... Von der Eleganz, dem Komfort und der Sicherheit sowie von der Geschwindigkeit des Schiffes möge das Publikum sich überzeugen, und der Eigentümer ist bereit, alles zu tun, was in seiner Macht steht, die Gunst des Publikums zu verdienen. Die Preise sind vorläufig festgesetzt, und zwar für die erste Kabine vier Schillinge und auf drei Schillinge für die zweite. Außer diesem Betrage ist dem Dienstpersonal an Bord nicht gestattet, Geld anzunehmen. Der Unterzeichnete behält seine Badeanstalten wie früher bei.« Unterschrift: Henry Bell.

Fünf Jahre nach Fultons Fahrt mit der »Clermont« — inzwischen verkehrten bereits rund 50 Dampfschiffe auf amerikanischen Gewässern — begann mit der »Comet« des Schotten Bell (1767–1830) die europäische Dampfschifffahrt. Die »Comet« war 25 t groß. Die erste Maschine brachte ganze 2,9 kW (4 PS), wurde aber bald durch eine stärkere ersetzt. Der Vortrieb bestand aus zwei hintereinanderliegenden Schaufelrädern mit je vier Schaufeln (Paddelkreuz). Der Schornstein diente zugleich als Mast für ein Rahsegel. Für den Badeanstaltsbesitzer Bell gestaltete sich jedoch die als Touristenattraktion gedachte »Comet« zu einem wirtschaftlichen Fehlschlag. Immer mehr und ständig verbesserte Dampfschiffe wurden jetzt in Dienst gestellt. Zu den ersten Konkurrenten gehörten die ehemaligen Mitarbeiter Bells, Thomson und Robertson, mit ihren Schiffen »Elisabeth« und »Clyde«.

Bell modernisierte mehrmals seine »Comet«. Mit leistungsfähigerer Maschine und verändertem Vortrieb schickte er sie sogar auf Fahrten bis vor die Küste von Schottland. 1820 strandete die »Comet«.

Auch Bell errang mit der Dampfschiffahrt keine Reichtümer, doch ihm gebührt der Ruhm, der erste derartige Unternehmer Europas gewesen zu sein.

Zwei Jahre nach Bells erster Reise mit der »Comet« fuhr

»Comet«

das erste Dampfschiff auf der Themse, die ebenfalls in Schottland (Glasgow) gebaute »Margery« mit 38 t und einer 7,35-kW-Maschine (10 PS). Die Besitzer bekamen aber bald Ärger mit den »watermen« (Fährleuten), die das ausschließliche Recht der Passagierbeförderung auf der Themse besaßen. So wurde das Schiff unter dem Namen »Elise« nach Frankreich verkauft. Der spätere französische Finanzminister Jacques Lafitte, Bankier, Reeder und Schnellpostunternehmer, wollte sich davon überzeugen, »was an der neuen Dampfschiffahrt überhaupt dran sei«. Am 9. März 1816 holte Kapitän Andriel das Schiff in London ab. Aber es dauerte Tage, bis der Kanal bei schwerem Südwest in 17stündiger Fahrt endlich überquert war. Ein Sturm nach dem anderen hatte den Kapitän gezwungen, mehrmals an der britischen Küste unter Land zu gehen. Als gar noch Teile von den Schaufelrädern zu Bruch gingen und Feuer ausbrach, soll die Mannschaft nur für mehrere Flaschen Rum zur Weiterfahrt bereit gewesen sein. Ende März traf man, die Seine stromauf kommend, in Paris ein. Hier wurden noch zwei Kanonen installiert,

»Elise/Margery«

damit vom Schiff aus während der Vorbeifahrt an König Ludwig XVIII. protokollgemäß 21 Schuß Salut abgefeuert werden konnten. »Elise« ex »Magery« war das erste Dampfschiff, das den Kanal überquert hatte.

»Elise« brachte aber Kapitän Andriel ebensowenig Gewinn wie die im April 1816 gleichfalls auf der Seine in Dienst gestellte »Charles-Philippe«, ein letzter Dampfschiffversuch des Marquis de Jouffroy. Gegenseitige Konkurrenz verhinderte für beide jeglichen Erfolg. Andriel ging nach Italien, um es im Mittelmeer mit der Dampfschiffahrt zu versuchen. In Neapel ließ er die »Ferdinando Primo« auf Kiel legen und mit einer englischen Maschine von nahezu 37 kW Leistung (rd. 50 PS) ausrüsten. Im September 1818 stach er mit Reiseziel Genua in See. Unterwegs erregte dieses erste Dampfschiff des Mittelmeeres viel Aufsehen. Vorn konnten in einem Gemeinschaftsraum 50 Passagiere untergebracht werden, achtern waren 16 Einzelkabinen. Zwei Jahre blieb die »Ferdinando Primo« in Betrieb. 1820 wurde sie abgewrackt.

Das erste Land, das in Europa außerhalb von England mit dem Bau von Dampfschiffen begann, war Schweden. Hierbei half der »importierte« englische Maschinenbaumeister Samuel Owen. Nach mehrjährigen Studien nahm er 1816 Versuchsfahrten mit der »Stockholm-Häxen« auf. Aber deren Kessel erwies sich als zu klein. Mit späteren Schiffen war Owen erfolgreicher.

Als erstes russisches Dampfboot fuhr 1815 die »Elisabeth« auf der Newa zwischen St. Petersburg (heute Leningrad) und Kronstadt. Das aus einer Kanalbarke umgerüstete Schiff mit einer 14,7-kW-Maschine (20 PS) hatte der englische Betriebsleiter einer Gießerei in Petersburg, Charles Baird, gebaut. Um den Rauch loszuwerden, besaß die »Elisabeth« einen aus Ziegelsteinen gemauerten Schornstein.

Übrigens gab es anfänglich mehrere derartige Schiffe. 1816 ließ die russische Regierung ihren ersten Dampfer bauen, die »Rapid« mit 23,5 kW (32 PS). Um 1850 waren im zaristischen Rußland rund 100 Dampfschiffe in Betrieb.

»Feuerschiffe«
auf deutschen Strömen

Während 1815 in England und Schottland bereits 20 Dampfschiffe gezählt wurden, verkehrte auf deutschen Flüssen noch kein einziges »Feuerschiff«. Zwar hatten sich die napoleonische Kontinentalsperre und die Befreiungskriege zu Beginn des 19. Jahrhunderts hemmend auf die industrielle Entwicklung in den deutschen Territorialstaaten ausgewirkt, aber auch nach 1815, nach der Befreiung, tat man sich unendlich schwer, alle feudalen Belastungen und Hemmnisse »über Bord zu werfen«. Anders in England. Da hatte der Kapitalismus längst gesiegt, da war die Industrielle Revolution im vollen Gange. England entwickelte sich zur »Werkstatt der Welt«. Und die Engländer mit ihrem technischen Wissen versuchten, auch im technologisch rückständigen Deutschland Fuß zu fassen, vor allem in Industrie und Verkehr. So auch in der Binnenschiffahrt. Lesen wir, was die Kölner Presse über den 12. Juni 1816 zu berichten wußte:

»Heute gegen Mittag erblickten wir auf unserem schönen Rheinstrom ein wundervolles Schauspiel. Ein ziemlich großes Schiff ohne Mast, Segel und Ruder kam mit ungemeiner Schnelle den Rhein heraufgefahren. Die Ufer des Rheins und die vor Anker liegenden Schiffe waren in einem Augenblick von der herbeiströmenden Volksmenge bedeckt. Das die allgemeine Neugierde reizende Schiff war ein von London nach Frankfurt reisendes englisches Dampfboot. Jedermann wollte den inneren Bau dieses Wunderschiffes und die Kräfte erforschen, welche dasselbe in Bewegung setzten. Seine innere Einrichtung, flüchtig betrachtet, ist folgende: Der innere Schiffsraum zerfällt in drei Teile, wovon die äußeren je ein Wohnzimmer und der mittlere einen Feuerherd samt den Brenn-stoffen enthalten. Dieser ist oben mit Steinen zugedeckt, brennt beständig und verwandelt das siedende Wasser in Dämpfe, welche die Walze treiben, die an jedem ihrer Enden ein Rad mit acht Schaufeln hat, wodurch die Kraft der Ruder ersetzt und das Schiff fortgetrieben wird. Bloß hierdurch in Bewegung gesetzt, kann das Schiff bei der jetzigen starken Wasserhöhe gegen die heftigste Strömung schneller herauf, als es von Pferden gezogen werden könnte. Vorigen Donnerstag verließ es Rotterdam, und nach der Versicherung der Reisenden kann es in einem Tag eine Strecke von 25 km zurücklegen.«

Bei dem Dampfschiff handelte es sich um die 50 t große »Defiance« (Herausforderung) des Engländer William Wager. Die Maschine bestand aus zwei Zylindern. Die Leistung lag bei rund 25 kW (34 PS). Das Reiseziel Frank-furt konnte wegen einer Betriebsstörung nicht erreicht

»Defiance«

werden. Statt dessen ging es am 14. Juni wieder auf Heimatkurs nach England, mit der Erkenntnis, daß der Rhein mit Dampfschiffen bis zum wichtigsten Schiffahrts- und Handelsplatz Köln befahrbar war. Wager suchte bei der preußischen Regierung um ein »privilegium exclusivum« nach. Die Antwort der »ehrwürdigen« preußischen Staatsbürokratie lautete: »Ganz abgesehen von der Ungewißheit der Brauchbarkeit der Dampfboote bedürfte man am Rhein nicht dieser Schiffe, um die Tätigkeit und den Wohlstand mehrerer tausend Individuen zum Besten der Engländer zu untergraben.« Diese abwertende Feststellung läßt sich nur aus der wenig »feinen englischen Art« erklären, mit der man für sich selbst das Schiffahrtsprivileg erzwingen wollte; denn die tatsächliche Handlungsweise Preußens stand im vollen Gegensatz dazu.

Bereits ein Jahr zuvor, am 12. Oktober 1815, hatte man dem Engländer John Barnett Humphrey ein zehnjähriges Patent und das ausschließliche Recht zur Anwendung seiner »eigentümlichen Methode, Dampfmaschinen zum Forttreiben von Schiffsgefäßen zu benutzen« für den ganzen preußischen Staat erteilt. Humphrey, der als Kaufmannssohn bei seinem Vater in Hamburg aufgewachsen war, erkannte bald, welche Vorteile die Dampfschiffahrt auf Elbe und Havel bringen könnte; denn bislang war man drei bis vier, ja bis acht Wochen stromauf nach Berlin, Magdeburg und Dresden unterwegs.

An der Havel bei Pichelsdorf, unweit von Spandau (Berlin), kauften Vater und Sohn Humphrey Grund und Boden für einen Bauplatz. Ende Juni 1816 wurde das erste Dampfschiff auf Kiel gelegt. Am 14. September 1816 lief die »Prinzessin Charlotte von Preußen« vom Stapel, das erste in Deutschland gebaute Dampfschiff. Es hatte eine Größe von 70 bis 80 t. Die Abmessungen betrugen: 41,64 m Länge, 5,893 m Breite und 2,337 m Seitenhöhe. Maximal konnten 300 Personen an Bord genommen werden. Die Maschine kam aus England und war ein original Wattsches Fabrikat. Sie leistete rund 10 kW (14 PS). Damit wurde etwa eine preußische Meile pro Stunde zurückgelegt (7,5 km/h). Der Vortrieb bestand aus einem Mittelrad, um auf der vorgesehenen Route die engen Brücken-, Schleusen- und Kanaldurchfahrten besser passieren zu können. Nachteilig

»Prinzessin Charlotte von Preußen«

war aber ein geringerer Wirkungsgrad des mittschiffs angebrachten Schaufelrades. Am 27. Oktober war die Eröffnungsfahrt. 160 Passagiere dampften von Spandau zur Pfaueninsel. Eine Woche später beehrte Friedrich Wilhelm III. das »Feuerschiff«. Majestät zeigte sich sehr angetan von der Zuverlässigkeit und Manövrierfähigkeit des Dampfers, als man die Pfaueninsel umschiffte.

Die »Prinzessin Charlotte« nahm den regelmäßigen Verkehr zwischen Tiergarten — Charlottenburg — Spandau — Potsdam auf. Nachweisbar hat das Schiff über 5000 km zurückgelegt. Das Dampfschiffzeitalter schien auch in Deutschland anzubrechen!

Inzwischen war das Privatunternehmen Humphrey, um mehr Kapital zu bekommen, in eine Aktiengesellschaft umgewandelt worden. Mitte März 1817 lief als zweites Schiff der Seitenraddampfer »Kurier« vom Stapel, bestimmt für den Berlin-Hamburg-Verkehr. Im Herbst 1817 folgte der dritte Dampfer, die »Magdeburg«, für den Transport auf der Elbe. Im Mai 1818 traf der Dampfer nach nur 74stündiger Fahrt, von Hamburg kommend, in Magdeburg ein.

In die allgemeine Begeisterung über das neue Transportmittel mischte sich die Angst der traditionellen Segelschiffer von Elbe, Havel und Oder, fürchteten sie doch um ihre Existenz. Klagend schrieben sie an den preußischen Staatsminister Hardenberg: »Wir, die wir nach den Gesetzen und Erhaltung der Ordnung zwei, drei und mehr Monate auf eine Ladung in Hamburg warten müssen und, ehe wir dann unsere Ladung bekommen, in dieser Frist bei karger Lebenshaltung den zu hoffenden Verdienst größtenteils schon verzehrt haben, müssen es mitansehen, daß das Dampfschiff in 24 Stunden nach seiner Ankunft schon wieder mit Gütern beladen nach seiner Bestimmung abfahren kann.«

Darauf entgegnete Minister Bülow: »Jede Verbesserung eines üblichen Verfahrens ist ein Gewinn für das Ganze, wenn sie auch denjenigen Nachteile zufügt, welche behindert sind, sich derselben zu bedienen, und niemand hat das Recht zu fordern, daß gemeinnützige Erfindungen unterdrückt werden, damit er seinen Gewerbebetrieb in gewohnter Art fortsetzen könne.« Objektiv gesehen hatte Bülow recht. Übersehen hatte er nur, daß »gemeinnützige Erfindungen« unter kapitalistischen Verhältnissen immer erst dann Gewinne für das Ganze bringen, wenn sie einen Gewinn für den Besitzer an Produktionsmitteln abwerfen. Staatsminister Hardenberg drückte sich dann auch unmißverständlicher über die Zukunftsaussichten der Segelschiffer aus: »Die Beschwerden gegen Humphreys Unternehmen glichen denen der Spinner gegen die Spinnmaschine oder der Abschreiber gegen die Buchdrucker.« Nun wußten die Segelschiffer, was ihnen der technische Fortschritt bescheren würde: materielle Not – Hunger – Elend!

Vorerst konnten aber die Segelschiffer auf Elbe, Havel und Oder »ihren Gewerbebetrieb in gewohnter Weise« fortsetzen. Als nämlich für die Aktionäre aus der »gemeinnützigen Erfindung« Dampfschiff die Dividenden ausblieben, löste sich die Berliner Dampfschiffahrts-AG im Dezember 1818 sang- und klanglos auf. Nur auf Drängen der preußischen Regierung, die nach wie vor an einen wirtschaftlichen Erfolg glaubte, überließen die Aktionäre das gesamte Inventar Humphrey. So konnten zwar 1818 das vierte Dampfschiff, die »Friedrich Wilhelm III.«, und 1819 das fünfte, die »Fürst Blücher« — der General war Tage zuvor verstorben — fertiggestellt werden. Der Konkurs des Unternehmens war aber nicht mehr aufzuhalten.

Hauptmangel der Schiffe war ein zu großer Tiefgang. Insbesondere während der Niedrigwasserperioden in den Sommermonaten kam es zu längeren Fahrtunterbrechungen, da die unregulierten Flüsse durch Laufverlegungen, Inselbildungen und wandernde Sandbänke beträchtliche Untiefen zeigten. Allgemein blieb der unzureichende Ausbau der Wasserstraßen lange Zeit hinderlich für eine erfolgreiche Dampfschiffahrtsentwicklung auf deutschen Binnengewässern. Zum anderen war das Strombett der Elbe vollgespickt mit Baumstämmen; und Humphrey hatte sich verpflichtet, mit einem speziellen Hebeapparat das Flußbett davon zu säubern. Beschwerlich war die Fahrt durch die engen Brücken und Schleusen. Schiffsmühlen verengten zusätzlich das Fahrwasser. Ein hoher Kohleverbrauch und umfangreiches Personal trieben die Betriebskosten in die Höhe. Ein Großteil des Schiffsraumes — und damit der Lademöglichkeit — ging durch die überdimensionale Niederdruckdampfmaschine nebst Kessel und den Kohlebunker verloren. Außerdem scheiterte ein schnellerer Personenverkehr und Warentransport an den gesellschaftlichen Zuständen. Die meiste Zeit lag man vor den Binnenzollstellen; und davon gab es allein auf der Strecke Havelmündung—Hamburg mehr als ein halbes Dutzend. Erst 1870 wurde die Elbe von allen Binnenzollabgaben befreit. Hinzu kamen bei Humphrey mangelnde Erfahrungen in der Leitung eines derartigen Unternehmens, war es doch der erste Versuch in Deutschland, ein Dampfschiffahrtsunternehmen auf Aktienbasis zu betreiben. Sein Ziel war ganz offensichtlich die Expansion. Als geschäftstüchtiger Engländer wußte er, wie man schnell reich werden konnte. In Preußen-Deutschland waren dafür aber die gesellschaftlichen Verhältnisse noch nicht reif genug. John Barnett Humphrey hatte sich einfach übernommen!

Mit Beginn der 20er Jahre mußte der Schiffahrtsbetrieb eingestellt werden. Die Dampfschiffe »Magdeburg« und »Fürst Blücher« gerieten 1824 in Hamburg unter den Hammer. Die drei anderen wurden 1825 in Potsdam versteigert. Gezahlt wurden – ausgenommen Dampfmaschinen, Kessel und Schaufelräder – für »Friedrich Wilhelm« 150 Taler, für »Kurier« 77 Taler und für die »Prinzessin Charlotte« gar nur 72 Taler. Der verheißungsvolle Auftakt hatte ein trauriges Ende gefunden. Zu allem Überfluß mußte Humphrey auf Grund eines längeren Rechtsstreites mit der preußischen Regierung eine zehnmonatige Haftstrafe verbüßen. Mitte der 20er Jahre kehrte er nach England zurück.

Noch weniger Bestand hatte eine 1816 eingerichtete Dampfschiffverbindung auf der Unterelbe zwischen Cuxhaven und Hamburg. »The Lady of the Lake« eines englischen Reeders verließ schon nach einem Jahr mangels Nachfrage die Elbe mit Heimatkurs. Auch ein weiteres englisches Dampfschiff auf dem Rhein vermochte keine ständige Dampfschiffahrt zu etablieren. 1817 kam die 95 t große »Caledonia« – Besitzer war James Watt jun. – mit 23,5 kW (32 PS) stromauf gedampft. Mit einem Tiefgang von 1,37 m und bei dem niedrigen Wasserstand des Rheins kam man über Koblenz nicht hinaus. 1818 wurde das Schiff an Dänemark verkauft und war somit erstes Dampfschiff dieses Landes.

Auf dem Bodensee sollte 1817 das erste Dampfschiff in Fahrt gebracht werden. Die Dampfmaschine wurde jedoch nie geliefert. Sofort spottete der Volksmund über das Boot namens »Stephanie«: »Steht-fährt-nie!«

Von allen diesen Vorläufern vermochte sich nur ein »Feuerschiff« bis zu jener Zeit durchzusetzen, in der auf deutschen Strömen eine dauernde, regelmäßige Dampfschiffahrt begann. Im Dezember 1816 – wenige Monate nach der »Prinzessin Charlotte« – lief in Vegesack die »Weser« vom Stapel. Der Bremer Kaufmann Friedrich Schröder hatte sie bauen lassen. Ausgerüstet war die rund 60 t große »Weser« mit einer Wattschen 7,35-kW-Dampfmaschine (10 PS). Von 1817 bis 1833 verkehrte das Schiff auf der Unterweser zwischen Bremen und Brake. Aus Altersgründen mußte es außer Dienst gestellt werden.

»Weser«

Die 20er und 30er Jahre des 19. Jahrhunderts brachten
in der Dampfschiffahrt auf deutschen Strömen die entscheidende Wende. Die Initiative ergriff die Kölner
Handelsbourgeoisie. Da es im eigenen Land noch keine
ausreichenden Voraussetzungen und Vorbilder gab, beteiligte man sich durch Aktienzeichnung an der 1823 in
Rotterdam gegründeten »Nederlandsche Stoomboot
Maatschappij«. Man wollte Geschäftserfahrungen sammeln und Probefahrten auf dem Rhein durchführen lassen.

Im Oktober 1824 erschien als erster Dampfer die
»Seeländer« vor Köln. An Bord die gesamte Prominenz des
Unternehmens, auch Chefingenieur Moritz Roentgen.
Wasserwiderstand und Kohleverbrauch wurden gemessen
sowie ein Schleppversuch durchgeführt. Ein Jahr später
fuhr ein noch besseres Schiff bis Strasbourg. Zehntau-
sende standen an den Ufern und begrüßten den Dampfer
»Rhein«. Von Köln bis Koblenz fuhr sogar Preußens König
Friedrich Wilhelm III. mit stromauf; und ihm zu Ehren
wurde das Schiff auf seinen Namen umgetauft. Die Kölner

»König Wilhelm«

Handelsbourgeoisie war von der Brauchbarkeit der
Dampfschiffe überzeugt worden. 1827 wurde die »Preußische-Rhein-Dampfschiffahrtsgesellschaft« gegründet und
der Betrieb mit den beiden in Holland gebauten Dampfern
»Concordia« und »Friedrich Wilhelm« eröffnet. Sie konnten je 40 t Güter laden und 200 Personen an Bord nehmen.
Für die Passagiere war es unter anderem verboten, Limburger Käse mitzunehmen — wegen des Geruchs — sowie
in der ersten und zweiten Klasse zu rauchen. Auf Deck
durfte Pfeife nur mit Deckel geraucht werden. Dem
Schiffspersonal war es streng untersagt, Trinkgelder zu
fordern. 1830 verkehrten zwischen Rotterdam und Mainz
10 Dampfschiffe.

Im Jahre 1837 wurde die »Düsseldorfer Dampfschifffahrts-Gesellschaft« gegründet. Mit dem ersten auf der
Gutehoffnungshütte in Duisburg gebauten Schiff »Komet«
hatte man wenig Glück. Das geflügelte Wort lautete: »Der
Komet kommt immer zu spät.« Den deutschen Dampfschiffbauern mangelte es noch immer beträchtlich an
Erfahrung. Dann wurde ein Boot in Holland bestellt, aus-

40

gerüstet mit einer englischen Maschine. Weitere leistungs-fähige Dampfer kamen hinzu. Nun konnte man mit der Kölner Gesellschaft in Konkurrenz treten. Man legte die gleichen Abfahrtszeiten fest. Resultat: Regelrechte Wettfahrten wurden auf dem Rhein veranstaltet, zum Gaudi der Jugend, zum Ärger der älteren Generation, die um die Sicherheit fürchtete. Und die »Düsseldorfer« sollen schneller gewesen sein! Außerdem boten sie ausgezeichnetes Essen, guten Wein für wenig Geld und verlangten niedrigere Fahrpreise. Nun mußten auch die Kölner ihre Tarife senken. — Zahlte man für den ersten Platz von Mainz nach Köln 28 Mark — ein damals horrender Preis —, so kostete er jetzt nur noch 12 Mark. Der Vorteil für den Fahrgast war offensichtlich; doch für die Herren Aktionäre gingen die Gewinne zurück. 1853 schlossen sich beide Gesellschaften zusammen und scheffelten nun gemeinsam wieder Profite.

Nach diesen Erfolgen auf dem Rhein verstärkten sich auch auf Elbe, Havel, Weser und Oder die Bemühungen, ständig verkehrende Dampfschiffe in Dienst zu stellen, wenngleich hier die natürlichen Bedingungen durch jahreszeitlich stärker schwankende Wasserstände bei gleichzeitig unzureichender Regulierung damals ungünstiger waren. Um die Skeptiker endgültig vom Gegenteil zu überzeugen — inzwischen waren sporadische Versuche wegen obiger Gründe wieder eingestellt worden —, bedurfte es schon einiger Persönlichkeiten mit Können, Mut und Engagement. Zu ihnen gehörte Johann Andreas Schubert, Professor an der Dresdner »Königlichen Technischen Bildungsanstalt«, der heutigen Technischen Universität. Er war einer der Pioniere der Industriellen Revolution in Deutschland. Schubert hatte mit der Konstruktion eines Dampfschiffes begonnen, das er dann im Auftrag der 1836 gegründeten »Sächsischen-Elbe-Dampfschiffahrtsgesellschaft« fertigstellte. Es war die »Königin Maria«. Entgegen seinen dringlichen Ermahnungen wurde aber keine in der Praxis bereits bewährte Hochdruckdampfmaschine von geringem Gewicht eingebaut. Aus vermeintlichen Sicherheitsgründen bestanden die Direktoren der Gesellschaft auf einer Niederdruckdampfmaschine. Die von der Berliner Firma Egells gelieferte Anlage wog jedoch

»Königin Maria«

einschließlich Kessel fast 60 t. Eine »Mammutmaschine«! Beim Stapellauf tauchte dann auch die »Königin Maria« mit einem Gesamtgewicht von 75 t nicht wie berechnet 43 cm, sondern gleich 74 cm tief ein, viel zu tief für die unregulierte Elbe. Ende Juli 1837 konnte bei günstigem Wasserstand die erste größere Fahrt nach Meißen und zurück unternommen werden. Anerkennung galt Schubert, den man jetzt respektvoll »Dampfbootprofessor« nannte.

Ein Jahr später wurden die Schiffe »Albert« und »Dresden« fertig. Aber der Wasserstand der Elbe blieb in den darauffolgenden Jahren niedrig. Immer seltener wurden die Fahrten. Die Einnahmen schwanden sichtlich. Die Aktionäre wurden unruhig. Schon hatte man den Sündenbock gefunden. Es war Schubert. Man befand den technischen Ausbau der Schiffe für unzureichend. Doch alle bestellten Gutachter wiesen das Gegenteil nach. Auf energisches Drängen wurden dann die Direktoren gezwungen, durch Umbau die Schiffe zu erleichtern. Mit geringerem Tiefgang stiegen die Dividenden der Aktionäre wieder von 2 auf 10 % an. Schuberts Prognosen über die Möglichkeit einer Dampfschiffahrt auf der Oberelbe fanden ihre Bestätigung.

An der Mittelelbe unternahmen schließlich im Jahre 1836 Magdeburger Kaufleute einen neuerlichen Versuch, den Fluß mit einem Dampfer zu befahren. Sie gründeten die »Magdeburger-Dampfschiffahrts-Compagnie« mit einer ihr angeschlossenen Maschinenfabrik. Ingenieur Tischbein, der mehrere Jahre bei der holländischen Gesellschaft »Stoomboot Maatschappij« in Rotterdam tätig war, erhielt den Bauauftrag. Im April 1838 eröffnete als erstes Schiff der »Kronprinz von Preußen« die Fahrt. »Paul Friedrich« und »Stadt Magdeburg« folgten. Zur gleichen Zeit begann sich auch auf Havel, Weser und Donau sowie etwas später auf der Oder eine Dampfschiffahrt durchzusetzen. Wie auf dem Rhein waren die meisten der ersten Dampfschiffe sowohl für den Personenverkehr als auch für den Gütertransport bestimmt.

Mit Beginn der 40er Jahre trat dann innerhalb der dampfbetriebenen Binnenschiffahrt eine entscheidende Veränderung in der Transportform ein. Hatte man das Dampfschiff bisher fast ausschließlich zum Tragen der Lasten genutzt, so ging man jetzt — mit stärkerer Maschinenleistung — zum Schleppen antriebsloser Kähne über. Es entwickelte sich die Schleppschiffahrt. Und da diese neue Betriebsform erkleckliche Profite versprach, schossen Schleppschiffahrtsgesellschaften nachgerade wie Pilze aus der Erde. Vorerst fremde antriebslose Kähne der traditionellen Segelschiffer schleppend, ging man bald dazu über, sich einen eigenen, leistungsfähigen Park mit strömungstechnisch verbesserten Kähnen anzulegen. Der kapitalistische Großbetrieb war in der Binnenschiffahrt auf dem Vormarsch. Daneben blieb das Schleppen fremder antriebsloser Kähne bestehen.

Jetzt verschärften sich auch die mit dem Einsatz der ersten Dampfschiffe begonnenen sozial-ökonomischen Auseinandersetzungen. Allen voran gingen die Segelschiffer, die sogenannten Partikuliere, Besitzer eines Schiffes. Es hagelte Eingaben und Beschwerden. Die Selbständigkeit war endgültig in Gefahr. Aber auch diejenigen, die den schweren Beruf eines Schiffsziehers ausübten, reihten

Kettenschiff

sich ein in den Proteststurm. Für viele war das Treideln »ein Notanker für bejahrte Schiffsleute; man konnte sich durchhelfen und ein ehrlicher Mann bleiben!« Nun drohte Erwerbslosigkeit! Mit Steinwürfen wurden Schleppdampfer empfangen, mit Gewehren beschossen. Am Rhein fuhr man im Revolutionsjahr 1848 sogar Kanonen in Stellung.

Der technische Fortschritt war damit nicht aufzuhalten. Nur in Unkenntnis der Zusammenhänge richtete sich der Kampf der Partikuliere und der Treidler gegen die Maschinenkraft, gegen den Dampfer. Es waren die mit der neuen Technik sich zugleich entwickelnden kapitalistischen Produktionsverhältnisse, die die Treidler brotlos machten und die Partikuliere um ihre Selbständigkeit brachten. Mit ihren antriebslosen Kähnen waren sie zunehmend den Schleppmonopolen ausgeliefert, die über das Produktionsmittel »Schleppschiff« verfügten und damit die Schlepptarife diktieren konnten. Der Kampf um die nackte Existenz ging so weit, daß die Partikuliere den Transportraum ihrer antriebslosen Kähne für die Bergfahrt (stromauf) den Schleppgesellschaften kostenlos zur Verfügung stellten, um dann wenigstens mit der Talfahrt (stromabwärts), bei der man den Kahn weiterhin von der Strömung »antreiben« ließ, Verdienstmöglichkeiten zu haben.

Forciert wurde der Konkurrenzkampf innerhalb der Binnenschiffahrt durch das neue Verkehrs- und Transportmittel auf dem Lande, durch die Eisenbahn. Sie war der Binnenschiffahrt − trotz deren Dampfkraft − in vieler Hinsicht überlegen. Die Eisenbahn zog nach 1850 den gesamten Personenverkehr, aber auch ümfangreiche Gütertransporte von den Flüssen ab auf die Schiene. Das betraf vor allem sogenannte wertvollere Güter, die Stückgüter, die der Schiffahrt andererseits aber die größten Einnahmen gebracht hatten. Gegen Ende des 19. Jahrhunderts begann sich dann eine Art Arbeitsteilung zwischen Eisenbahn und Binnenschiffahrt herauszubilden. Vor allem die Monopole der Schwerindustrie drangen auf einen billigen Verfrachter von Rohstoffen und Halbfabrikaten. Durch staatliche Tarifpolitik wurde nun der Binnenschiffahrt hauptsächlich der Transport von Massengü-

Salon-Personen-Dampfer von Rhein und Elbe

tern zugewiesen. Gleichzeitig erfolgte auf Staatskosten ein beschleunigter Wasserstraßenausbau (Niedrigwasserregulierung, Kanalbauten). Der Personenverkehr auf Flüssen blieb nur noch in Form von Ausflugs- und Touristenfahrten bestehen.

Auf der Elbe wurde nach 1866 angesichts noch immer unzureichender Regulierungen die Ketten-Schleppschifffahrt eingeführt. Der Einsatz dieser flachgehenden Schiffe war besonders während der Niedrigwasserperioden in den Sommermonaten geeignet. Das Schiff zog sich an einer auf dem Flußbett liegenden Kette vorwärts. Dabei lief die Kette mehrmals um ein auf dem Deck stehendes Spill (Trommel), das von einer Dampfmaschine angetrieben wurde. Von Nachteil war ein kompliziertes Ausweichmanöver beim Begegnen zweier Schiffe, die ja an der gleichen Kette liefen. Der stromab fahrende Dampfer mußte die Kette zerhacken, vom Spill abwickeln, beide Enden mit einem Kettenschloß verbinden und die Kette ins Wasser werfen. Während der Dampfer stromauf seine Fahrt fortsetzen konnte, mußte sich der andere, in umgekehrter Reihenfolge des Manövers, wieder »einfädeln«. Nach Abschluß der Mittelwasserregulierung auf der Elbe konnten leistungsfähige Seitenrad- und Schraubenschleppdampfer eingesetzt werden. Zu Beginn des 20. Jahrhunderts wurde der Kettenbetrieb auf der Elbe eingestellt.

Beschwerlich waren die Anfänge der Dampfschiffahrt auf deutschen Flüssen und Strömen. Umfangreiche natürliche Behinderungen, viele technische Mängel und zahlreiche gesellschaftliche Hemmnisse mußten überwunden werden, bis sich der Dampfer durchgesetzt hatte. Dann prägten nicht mehr Segel, Treidler und Zugtiere das Bild der Flüsse und Ströme, sondern die mächtigen Seitenrad-Schleppdampfer mit ihren angehängten Kähnen sowie die Personen- und Salondampfer mit ihren Ausflüglern und Touristen an Bord. Einhundert Jahre nach Fultons »Clermont« fuhren auf deutschen Flüssen über 3 300 Dampfer, davon mehr als 1 000 Personendampfer. Technisch waren die Dampfer ständig verbessert worden. Neuerungen im Vortrieb, im Baumaterial und in der Konstruktion der Dampfschiffe, wie sie in der Seeschiffahrt Eingang fanden — dargestellt in den nachfolgenden Abschnitten —, wurden gleichermaßen bei der Dampfschiffahrt auf Binnengewässern genutzt. Auf dem Rhein erreichten mit Beginn des 20. Jahrhunderts Personendampfer mit Maschinenleistungen von 735 und mehr kW (1 000 und mehr PS) Geschwindigkeiten bis zu 20 km/h.

Mit Rudersmann Dampf über den Atlantik

Zehn Jahre waren nach der Fahrt der »Clermont« vergangen. Immer mehr Dampfschiffe eroberten sich die großen amerikanischen Ströme. Erste Stimmen wurden laut, den Atlantik mit Dampfkraft zu überqueren. Gleich mischten sich aber wieder die Zweifler ein. Sie glaubten nicht an die Möglichkeit, Schiffe bauen zu können mit genügend Kohlevorrat für eine Reise über den Ozean. Experten berechneten gar die Unmöglichkeit eines derartigen Experimentes. Beim damaligen Entwicklungsstand der Schiffsmaschinen basierten ihre Ergebnisse durchaus auf realer Grundlage. Schließlich wurde aber »wider besseres Wissen« auf Grund ökonomischer Zwänge der Versuch gewagt.

Die »Savannah Steamship Company« an der amerikanischen Ostküste war in wirtschaftliche Schwierigkeiten geraten. Es herrschte Konjunkturflaute. In dieser Situation entschloß man sich, die für die Küstenfahrt gedachte »Savannah«, eine mit drei Masten getakelte Fregatte von 320 BRT, in der Fremde zu verkaufen. Hoffnung bestand, das Schiff in Europa loszuschlagen. So wurde der Paketsegler in einen Dampfsegler umgerüstet. Der Schornstein besaß ein gebogenes, drehbares Oberstück, damit Rauch und eventuell Funken nicht in die Takelage gerieten. Die Maschine leistete rund 66 kW (90 PS). Die Schaufelräder von 16 englischen Fuß (4,88 m) Durchmesser hatten 10 Paddelarme, die sich in kurzer Zeit zusammenklappen und an Bord nehmen ließen, wenn sie nicht gebraucht wurden, das heißt, wenn man unter Segel fuhr. So diente dann auch die Dampfmaschine weniger als ständige Antriebskraft, sondern mehr als »Hilfsmotor«.

Denn selbst Kapitän Moses Rogers fand es als recht sonderbar, daß ein ausgezeichnetes Segelschiff den Atlantik mit Hilfe einer Dampfmaschine überqueren sollte: »Warum eine Menge teuren Brennstoff mitnehmen, um etwas zu tun, was der Wind umsonst macht? Zahlen für Bewegung auf See? Ein absurder Gedanke!«

Am 24. Mai 1819 stach das Schiff von seinem Heimathafen Savannah aus in See, unter Segel und Dampf, ohne Fracht und Passagiere. Drei Wochen später war man in England. Die »Times« vermeldete: »Das Dampfschiff ›Savannah‹ ist von Amerika in Liverpool angekommen, das erste Schiff dieser Art, welches den Atlantik kreuzte! Es wurde den ganzen Tag gejagt an der irischen Küste von dem Zollkreuzer ›Kite‹ der Station Cork, welcher den Dampfer für ein brennendes Schiff hielt.«

Der erste Offizier auf der Savannah gab später folgenden Reisebericht: »Wir erreichten den Hafen Liverpool in

»Savannah«

22 Tagen, nur 14 davon unter Dampf, weil die Kohlen knapp wurden. In Liverpool verursachte unsere Ankunft großes Aufsehen und die Befürchtung, daß wir vorhätten, Napoleon auf St. Helena zu befreien. Von Liverpool ging die Reise nach Kopenhagen und Stockholm. In beiden Plätzen machte die ›Savannah‹ großes Aufsehen. In Stockholm kam die königliche Familie an Bord. Dann fuhren wir bis St. Petersburg. In Kronstadt kam der Kaiser von Rußland an Bord und schenkte dem Kapitän zwei Eisenstühle. Von St. Petersburg ging die Reise nach Arendal in Norwegen und dann zurück nach Savannah in 25 Tagen, 19 Tage davon unter Dampf. Wir steuerten dann nach Washington infolge der Einladung des Präsidenten Monroe, aber die Regierung kaufte die ›Savannah‹ nicht.« Und auch in Europa hatte sich kein Käufer gefunden. Weder der schwedische König noch der Zar hatten genügend Geld geboten. Hauptunternehmer Scarborough war ruiniert. Die »Savannah« wurde öffentlich versteigert und wieder in einen Paketsegler umgewandelt. Am 5. November 1821 strandete das Schiff vor Long Island. Ungeachtet des unrühmlichen Endes und des nur zeitweisen Einsatzes der Dampfmaschine war dennoch der Nachweis erbracht worden, daß man mit Dampfkraft über den Atlantik kommt.

Im gleichen Jahr — 1821 — machte sich ein zweiter Dampfer auf den Weg über den Atlantik. Diesmal aber in umgekehrter Richtung von Ost nach West. Es war die in England gebaute »Rising Star«. Als Kriegsfahrzeug sollte sie in Chile im Unabhängigkeitskrieg gegen die spanische Kolonialherrschaft eingesetzt werden. Im Oktober 1821 ging das 428 BRT große Schiff mit einer 51-kW-Maschine (rd. 70 PS) auf die Reise nach Valparaiso. Vor Portugal sprang das Schiff leck und mußte zurückkehren. Endlich, im April 1822, erreichte die »Rising Star« ihr Ziel und fuhr als erstes Dampfschiff auf dem Pazifik. Als Kriegsschiff wurde es aber nicht mehr gebraucht. Chile hatte seine Unabhängigkeit errungen. So konnte es als Handelsschiff eingesetzt werden.

Auch die nächsten beiden Atlantiküberquerungen mit Raddampfern wurden mit Schiffen der Kriegsmarine durchgeführt. Das eine gehörte der französischen Marine.

»Curaçao«

Es hieß »Caroline« und war 1824 vom Stapel gelaufen. Das 350-BRT-Schiff wurde von einer 37-kW-Maschine (rd. 50 PS) angetrieben. Der andere Dampfer – im englischen Dover gebaut – war im Besitz der holländischen Marine. Das 438 BRT große Fahrzeug mit einer Maschinenleistung von annähernd 74 kW (rd. 100 PS) erhielt den Namen »Curaçao« nach der holländischen Kolonialinsel in der Karibik. Ausgerüstet mit mehreren Kanonen trat das Schiff 1827 seine erste Reise nach Westindien an. Nach 32 Tagen, davon 11 unter Dampf, war man am Ziel. Auf der Rückreise wurde die Dampfkraft 23 Tage genutzt. Mehrmals war man gezwungen worden, die Feuer zu löschen, um den Salzstein im Kessel loszuschlagen. Gleiche Probleme hatte auch der kanadische Dampfer »Royal William«, der 1831 in der Themse vor Anker ging. Hier mußten bei der Überfahrt nach Europa alle vier Tage die Salzkonzentrationen im Kessel entfernt werden. Das dauerte immer rund 24 Stunden.

Die Bildung von Salzstein im Kessel hing ursächlich mit der Wirkungsweise der damals eingesetzten Dampfmaschine zusammen. Der Dampf wurde, wenn er seine Arbeit verrichtet hatte, aus dem Kolben abgesaugt. Er schlug sich in einem besonderen Gefäß, dem Kondensator, nieder, verflüssigte sich dort und wurde wieder in den Kessel zurückgeführt. Zur Beschleunigung des Kondensationsprozesses wurde kaltes Wasser eingespritzt, entnommen aus dem Gewässer, in dem das Schiff fuhr. Da das Meerwasser salzhaltig ist, gelangte nun über diese Einspritzkondensation mit zunehmender Fahrtdauer auf dem Ozean immer mehr Salz in den Kessel und führte zu den unliebsamen Betriebsstörungen; denn zur Kondensation von 1 kg Dampf brauchte man 20 bis 30 kg Seewasser. 1834 ließ sich der Engländer Samuel Hall seinen Oberflächenkondensator patentieren. Er bestand aus vielen (2 374) halbzölligen kupfernen Röhren von 2,4 m Länge, durch die mit Hilfe einer Pumpe kaltes Wasser gedrückt wurde. An diesen Röhren wurde nun der Dampf vorbeigeführt, und er kondensierte, ohne mit dem Kühlwasser in Berührung zu kommen. Das Kesselwasser blieb frei von Salz. Die Maschine konnte dauernd genutzt werden. Als erste Schiffe überquerten dann die »Sirius« und »Great Western« den Atlantik im ununterbrochenen Dampfbetrieb.

Im Jahre 1838 hatten sich plötzlich drei englische Schiffahrtsgesellschaften entschlossen, einen Verkehr mit Dampfschiffen zwischen Großbritannien und Amerika einzurichten. Das eine Unternehmen verlor jedoch das vorgesehene Schiff durch Kesselexplosion, die andere Gesellschaft erhielt keine Maschine, weil der Dampfmaschinenbauer Pleite gemacht hatte. So blieb nur die »Great Western Steamship Company« mit ihrem 1 320 BRT großen Schiff »Great Western« übrig. Es hatte Platz für 128 Passagiere in der 1. und 20 in der 2. Klasse. Die Crew (Besatzung) bestand aus 57 Offizieren und Mannschaften. Zwei Seitenbalanciermaschinen schafften insgesamt 270 kW (rd. 450 PS). Die Kohlenbunker faßten 800 t. Mit sieben Passagieren an Bord wurde am 8. April 1838 Bristol in Richtung New York verlassen. Nach etwas mehr als 15 Tagen war das Ziel erreicht. Jedoch zu spät! Der Jubel der New Yorker galt der vier Stunden früher eingetroffe-

»Great Western«

nen »Sirius«. »Der gestrige Tag war von ungewöhnlicher Aufregung für unsere Stadt«, schrieb am 24. April der »New-York-Express«. »Es wird allgemein anerkannt, daß mit diesem Tage eine neue Ära in der Geschichte der atlantischen Schiffahrt beginnt. Das Dampfschiff ›Sirius‹, welches Sonntagnacht hier eintraf, war der Anziehungspunkt Aller!« Das 700-BRT-Schiff, ausgerüstet mit zwei Maschinen von jeweils 118 kW (160 PS), war ursprünglich nur für den Küstenverkehr London—Cork/Irland gedacht. Kurzerhand charterte es aber die Gesellschaft, deren Dampfmaschinenbauer in Konkurs gegangen war. Mit 40 Fahrgästen an Bord wurde es auf Konkurrenzfahrt geschickt. Auf keinen Fall durfte man vom wirtschaftlichen Mitbewerber überrundet werden, auch dann nicht, wenn das Schiff mit Mühe schwere Stürme überstand. Da die »Sirius« aber langsamer war, das Schiff war bereits am 4. April gestartet und hatte somit 19 Tage für die Überfahrt gebraucht, trug letztlich die »Great Western« den Sieg davon. Damit begann die regelmäßige Dampfschiffahrt über den Atlantik.

Eine Landratte
hilft der Schiffahrt

Bei den ersten Dampfschiffen hatten sich im Vortrieb die Schaufelräder als durchaus zweckmäßig erwiesen. Die Fahrten auf ruhigen Binnengewässern verliefen relativ problemlos. Anders dagegen auf offener See. Hier war das Wasser rauher. Bei Wellengang hob sich bald das eine, bald das andere Rad aus dem bewegten Wasser. Das Schiff begann, drehende Bewegungen auszuführen. Bei schwerem Seegang bestand stets Gefahr, daß die Schaufelräder beschädigt oder ganz und gar abgeschlagen wurden. Dann trieb das Schiff manövrierunfähig in der tobenden See, und nicht selten gingen Dampfschiff und Mannschaft für immer verloren. Allein 30 Schaufelblätter verlor die »Curaçao« bei ihrer ersten Atlantiküberfahrt! Hinzu kam, daß mit abnehmender Kohlenmenge während der Fahrt das Schiff immer mehr aus dem Wasser auftauchte und so der Wirkungsgrad der Schaufelräder geringer wurde. Die »Great Western« konnte deshalb ihre Kohlenbunker nach Verbrauch des Brennstoffes fluten. Ein weiterer Nachteil war, daß die Schaufeln am Rad fest und radial angebracht waren. Jedesmal, wenn die Bretter ins Wasser eintauchten, wurde das Schiff leicht angehoben. Ständig zitterte und vibrierte alles. Der erste, der hier Abhilfe zu schaffen suchte, war der Mechaniker Robert Buchanan aus Glasgow. Bereits 1813 hatte er ein Patent auf ein Schaufelrad mit beweglichen Schaufeln erhalten. Mit Hilfe einer exzentrischen Scheibe wurden diese Schaufeln so eingestellt, daß sie nicht nur vertikal ein- und austraten, sondern in dieser Stellung auch durchs Wasser gingen. Leider war die Konstruktion zu kompliziert. Bei seinem dritten Dampfschiff verwendete er wieder starre Schaufeln.

Im Jahre 1829 brachte dann der Engländer Morgan anstelle des kreisrunden Schaufelrades ein neunseitiges Polygonrad heraus. Die Schaufeln wurden mit Hilfe einer exzentrischen Schraube und einer zusätzlichen Welle so gesteuert, daß stets der günstigste Ein- und Austritt ebenso wie eine senkrechte Stellung während des tiefsten Standes der Schaufel erreicht wurde. Bei allem technischen Fortschritt waren diese Verbesserungen den harten Anforderungen eines Seeverkehrs nur bedingt gewachsen. Die Schaufelräder im Vortrieb, die sich auf Binnengewässern bewährten, wurden im Überseeverkehr zu einem echten Hemmnis. Abhilfe tat Not!

Zu den Studenten, die 1812 an der Wiener Universität immatrikuliert wurden, gehörte Joseph Ressel, geboren am 29. Juni 1793 in Chrum/Böhmen (heute ČSSR). Zwei Jahre hörte er Vorlesungen in Landwirtschaft, Chemie, Mechanik und Hydraulik. Aus dieser Zeit datiert eine Zeichnung mit einer Schiffsschraube. Sie ähnelte der seit dem Altertum bekannten archimedischen Schraube zum Wasserheben, bezeichnet nach dem griechischen Naturwissenschaftler Archimedes (287–221 v. u. Z.). Als Ressels Eltern das Studium nicht mehr finanzieren konnten, siedelte er zum Forstinstitut Mariabrunn über. Nach ausgezeichnetem Examen begann Joseph Ressel ab 1821 als Kaiserlicher Forstmeister zur Versorgung der österreichischen Marine mit Bauholz im Gebiet von Triest zu arbeiten. Hier an der Adria konnte er – nebenberuflich – seine studentischen Ideen in die Tat umsetzen.

Zwischen Triest und Venedig verkehrte regelmäßig ein Raddampfer. Ein Engländer hatte darauf ein Privileg. Mit seinen Schaufeln bewegte sich der Dampfer jedoch schwerfällig durchs Wasser. Die meisten Reisenden bevorzugten weiterhin das Postsegelboot. Für Ressel Aufmunterung genug, sich wieder mit der Schraube zu beschäftigen. Aber das Geld fehlte. Als Staatsangestellter hatte er zwar ein gesichertes, aber viel zu bescheidenes Einkommen. Triester Kaufleute zahlten schließlich die Herstellung einer Schraube und lieferten auch das notwendige Boot. Nach erfolgreichen Experimenten erhielt Joseph Ressel am 11. Februar 1827 von der österreichischen Regierung das Patent auf die Schiffsschraube.

Bei seinen Versuchen hatte er die für sie günstigste Form entwickelt. Die Schraube war zweiflügelig. Außerdem fand er die richtige Stelle zum Anbringen, nämlich am Heck.

Mit der Schiffsschraube kommt das Prinzip der Schraube ohne Ende zur praktischen Anwendung. Das Wasser fungiert dabei als Schraubenmutter.

Nun brauchte Ressel noch mehr Geld, um seine Erfindung mit einem dampfbetriebenen Schiff wirksam werden zu lassen. Ein Triester Großhändler beteiligte sich an dem Vorhaben.

An einem Julitag des Jahres 1829 hatte Triest seine Sensation. Im Hafen setzte sich mit der »Civetta« der erste Schraubendampfer in Bewegung. Man erreichte 6 kn (Knoten: 1 Seemeile pro Stunde; sm/h: 1852 m/h). Eine erstaunliche Leistung angesichts einer Maschine, die nur etwas mehr als 4,4 kW (6 PS) leistete. Der Jubel und die Begeisterung waren groß, auch unter den an Bord befindlichen 40 Ehrengästen.

Plötzlich machte das Schiff keine Fahrt mehr. Ein Dampfrohr war gebrochen. Statt mit strengflüssigem

Morgan-Rad

Schraubenkonstruktion Ressels

Schlaglot hatte der Kupferschmied mit Zinnlot gelötet, wie sich im nachhinein herausstellte. Der Defekt blieb ohne größeren Schaden. Auf keinen Fall hatte die Panne etwas mit der technischen Neuerung zu tun. Dennoch verbot die Triester Polizei weitere Fahrten. Ressel wurde um die Früchte seiner Arbeit gebracht. Erfinderschicksal?

Ressel wollte sein »Schrauben«dampfschiff auch zwischen Triest und Venedig verkehren lassen. Inzwischen hatte aber der Engländer Morgan seine Aktivitäten gegen die drohende Konkurrenz verstärkt. Sein Raddampfschiff-Privileg wurde bekräftigt – dank guter Beziehungen! Ressel wurden weitere Experimente untersagt.

Schließlich konnten nicht einmal mehr die Patentgebühren bezahlt werden. Ressel war wirtschaftlich und moralisch ruiniert.

Als Trost blieb Ressel kurz vor seinem Tod, am 9. Oktober 1857, der Anblick eines Schraubendampfschiffes im Triester Hafen. Die Schraube im Vortrieb hatte sich bewährt. Jedoch war das Schiff nicht mit einer Ressel-, sondern mit einer Smith-Schraube ausgerüstet.

Der Engländer Francis Pettit Smith (1808–1874) erfand die Schraube gleichsam noch einmal. 1836 erhielt er ein Patent. Zuvor war bereits Kunde von Ressels Versuchen bis nach England gedrungen; denn 1829 hatte sich Ressel in Paris aufgehalten, um dort Interessenten für seine Erfindung zu suchen. Und wenig später ließ sich ein Engländer namens Cummerow eine Schraube patentieren, die der Resselschen entsprach!

Smith verwendete bei seinen Experimenten auf der Themse eine hölzerne Schraube. Sie bestand aus einem einfachen Gewinde mit zwei vollen Gängen, praktisch auch ein Stück der archimedischen Schraube. Eines Tages — wieder wurde das Boot durchs Wasser geschraubt — gab es einen Ruck. Das Boot fuhr schneller. Allgemeines Erstaunen! An Land lüftete sich das Geheimnis. Es fehlte die Hälfte des Schraubenganges. Offensichtlich war dieser bei einer Berührung mit einem harten Gegenstand abgebrochen. Nun wurde die Schraubenform entsprechend der höheren Wirkung auf *eine* Windung reduziert. Bald darauf begab sich Smith mit einem größeren Schiff in küstennahes Gewässer.

An einem Septembertag 1837 zog bei Dover ein dampfendes Schiff vorüber, das seitlich keine Radkästen mehr

»Archimedes«

trug. Weitere Fahrten brachten den Beweis, daß die Schraube auch für die Seeschiffahrt geeignet war. Trotzdem reagierten die einflußreichen Herren der britischen Admiralität reserviert, als sie von der technischen Neuerung erfuhren. Sie ließen die Erfindung erst einmal prüfen.

Smith verkaufte sein Patent. 1838 wurde der 240 BRT große Dampfer »Archimedes« gebaut. Die Schraube hatte einen Durchmesser von 1,7 m. Die Maschinen von annähernd 60 kW (80 PS) trieben den Propeller mit einem Übersetzungsgetriebe auf 139 Umdrehungen pro Minute. Das Schiff erreichte 9 kn.

Nachdem es mit dem Schraubenvortrieb erst gar nicht so recht hatte vorangehen wollen, entwickelte neben Smith gleich noch ein anderer einen Schiffspropeller. Ebenfalls 1836 ließ sich der in England lebende Schwede John Ericsson (1803–1889) einen Propeller patentieren, der aus zwei gegenläufigen Radkränzen bestand. Später verwendete er nur einen Radkranz.

Seinem ersten Versuchsboot, gefördert durch den amerikanischen Konsul in Liverpool, blieb jedoch die Anerkennung versagt. Britische Ingenieure wandten sich generell gegen Ericssons Erfindung. Die Lords der Admiralität hielten den neuen Vortrieb für theoretisch unmöglich. Das war 1837, vor Baubeginn der »Archimedes«. Eine von Ericsson mitgeleitete Firma war nun endgültig bankrott. Vorübergehend mußte er ins Schuldgefängnis. Mit Unterstützung des in London weilenden Robert F. Stockton, eines Leutnants der US-Navy, der von Ericssons Versuchen beeindruckt war, konnte dann ein zweites Boot von 33 t fertiggestellt werden. Benannt wurde es nach dem Finanzier. Bei Fahrten auf der Themse sollen mehr als 10 kn erreicht worden sein. Aber auch damit fand Ericsson keine Anerkennung. Daraufhin riet sein Mäzen, nach Amerika überzusiedeln. Im Frühjahr 1839 ging es mit der »Stockton« unter Segel nach New York; und dort kamen auch gleich die Aufträge. 1843 fuhren auf amerikanischen Strömen bereits 50 Schraubendampfer, als Ericsson daranging, sein erstes Doppelschraubendampfschiff zu entwerfen. Die »Robert F. Stockton«, in Amerika umgetauft auf »New Jersey«, war fast 30 Jahre als Schuten-

»Stockton«

schlepper im Einsatz. Überdies war es das erste eiserne
Boot, das den Atlantik überquert hatte.

Die Erfolge der ersten Schraubendampfer waren mittlerweile unübersehbar geworden. Dennoch überwand die
britische Admiralität ihre Skepsis nur zögernd. Vertrauen
ist gut — Kontrolle besser! So ließ man zwei gleiche Dampfschiffe bauen, eins jedoch als Raddampfer, das andere mit
einer Schraube ausgerüstet. Am 3. April 1845 war der
entscheidende Test. Die beiden Schiffe, die »Rattler« mit
Schraube und die »Alecto« mit Schaufelrädern, wurden
Heck zu Heck mit schweren Trossen verbunden und
gingen jedes für sich voraus. Dabei zog die »Rattler« die
»Alecto« mit 2,8 kn über den Achtersteven hinter sich her.
Noch im gleichen Jahr befahl die britische Admiralität den
Schraubenvortrieb für mehr als 20 Kriegsschiffe.

Der erste deutsche Schraubendampfer lief im Juli 1851
vom Stapel. Die »Erbgroßherzog Friedrich Franz« war auf

der Rostocker Werft von Tischbein gebaut worden, jenem Schiffbauer, der bereits in Rotterdam und Magdeburg gearbeitet hatte. Das Schiff besaß eine Tragfähigkeit von 170 t. Die Maschine von 44 kW (60 PS) brachte 9,5 kn. Ebenso wie mit dem unmittelbar nachfolgenden Schwesterschiff »Großfürst Constantin« waren Fahrten zwischen Rostock und St. Petersburg vorgesehen. Dadurch hoffte man in Rostock, Schiffahrt und Handel neue Impulse verleihen zu können; denn die Ostseehäfen verloren im Konkurrenzkampf mit den Nordseehäfen immer mehr an Bedeutung. Letztlich blieben auch die Schraubendampfer ein vergeblicher Versuch. Die zunehmend nach Westen zum Atlantik gerichteten Waren- und Verkehrsströme gingen an Rostock vorbei.

Mit der Entwicklung des Schraubenpropellers, der in der nachfolgenden Zeit ständig konstruktiv verbessert wurde bis hin zur Verstellmöglichkeit der Flügel, war der entscheidende leistungsfähige Vortrieb für Hochseedampfer geschaffen worden. 1875 überquerte mit der »Scotia« der letzte Seitenraddampfer den Atlantischen Ozean.

»Erbgroßherzog Friedrich Franz«

Und Eisen
schwimmt doch!

Die einen schauten abergläubisch drein, die anderen hielten es für Phantasterei. Die Neugierigen aber machten sich auf den Weg. Und im Berlin der Jahre 1849/50 scheinen sehr viele Neugierige gewohnt zu haben. In Scharen pilgerte man in Richtung Spree; Experten und Laien, Phantasten und Realisten. Sie alle staunten nicht schlecht: Eisen schwimmt doch! Vor ihnen schwamm auf dem Wasser der Spree ein eisernes Dampfschiff. Anstelle des hölzernen Rumpfes waren Eisenplatten zusammengenietet worden.

Seitdem Schiffahrt betrieben wurde, gab es für das Verkehrs- und Transportmittel Schiff im wesentlichen nur ein Baumaterial: Holz. Auch die ersten Dampfschiffe hatten einen hölzernen Rumpf; praktisch ein Segelschiff, in das eine Dampfmaschine eingebaut worden war. Der Gedanke, daß etwas anderes als Holz – vielleicht gar Eisen – schwimmen könnte, wurde von vielen für absurd gehalten. Erhebliches Mißtrauen herrschte gegenüber dem Eisenkahn, vor allem beim Schifferstand. Zu groß war die Angst, ein Leck auf hoher See nicht schließen zu können; zu groß die Befürchtung, die Kompaßnadel könnte durch die Eisenmassen irritiert werden; zu groß die Sorge, von den Innenseiten der Eisenwände könnte kondensierter Wasserdampf als Wasser auf die Ladung tropfen. Ähnlich waren die Bedenken gegen eiserne Masten, Tauwerke und Ankerketten. Im Notfall würde man sie nicht kappen können. Es gab aber noch ein anderes, entscheidendes Hindernis, und zwar von seiten der Schiffbauer. Holz konnten sie in strömungsgünstige Formen bringen. Es ließ sich bearbeiten. Mit Eisen ging das nicht. Für seine Bearbeitung hatten sie keinerlei Erfahrung. Vorerst nicht! Entscheidend war, daß man sich mit dem neuen Baumaterial überhaupt erst einmal beschäftigte, sich mit dem Neuen auseinandersetzte. Die dabei gefundenen Lösungen brachten den technischen Fortschritt: das Eisenschiff.

Nachweisbare Versuche mit eisernen Booten datieren aus England um die Wende des 18. zum 19. Jahrhundert. Das erste Dampfschiff mit einem eisernen Rumpf war die 116 BRT große »Aaron Manby«, 1821 in England als Spekulationsbau fertiggestellt, um die Brauchbarkeit des Eisens im Schiffbau zu demonstrieren. Mit einer 44-kW-Maschine (60 PS) wurden 7 kn erreicht. Die Platten des Rumpfes waren etwa 6,5 mm dick, der Boden flach, das Heck viereckig. Innen war das Schiff mit Holz ausgekleidet, um zu verhindern, daß sich die Hitze auf die Ladung übertrug. Von London aus fuhr das Schiff über den Kanal nach Le Havre und von dort die Seine aufwärts zum Einsatzort Paris. Später verkehrte die »Aaron Manby« bis 1842 auf der Loire. Diesem Erstling folgten vor allem mit Beginn der 30er Jahre weitere Eisenschiffe, darunter 1834

»Aaron Manby«

die »Harry Owen«. Es war der erste Dampfer, den man durch Schotten (bulkheads, eiserne Trennwände) in wasserdichte Zellen unterteilt hatte. Im Vergleich zum Segelschiff konnte dadurch die Sicherheit vor allem gegenüber einem Sinken wesentlich erhöht werden. 1837 wurde dann mit der 580 BRT großen »Rainbow« der erste eiserne Dampfer für einen ständigen Seeverkehr fertiggestellt. Das Schiff verkehrte auf der Route London — Antwerpen. Es schaffte die Strecke in 17 bis 18 Stunden. Der Bann war gebrochen, das jahrtausendealte Baumaterial Holz besiegt, das Eisen befand sich auf dem Vormarsch.

Somit vollzogen sich in der Schiffahrt fast zeitgleich zwei wesentliche Veränderungen: 1840 hatte die »Archimedes« die Überlegenheit der Schiffsschraube gegenüber den Schaufelrädern nachgewiesen! 1843 nun lief ein Schiff vom Stapel, das die neue Generation einleitete. Es hieß »Great Britain«. Sein Erbauer war Isambard Kingdom Brunel (1806—1859), ein bedeutender Ingenieur. Er konstruierte die »Great Britain« als das erste Schiff, dessen Rumpf aus Eisen und dessen Vortrieb aus einer Schraube

»Rainbow«

bestand. Eiserne Schraubendampfer sollten von nun an zukunftweisend werden, wenngleich auch die »Great Britain« von Schicksalsschlägen nicht verschont blieb.

Die »Great-Britain« wurde als »das glänzendste Experiment im Schiffbau« apostrophiert, »das je der britischen Öffentlichkeit vorgelegt wurde«. Das Schiff war 3270 BRT groß. Eine vierzylindrige Maschine brachte 745 kW (1014 PS). An sechs Masten befanden sich zusätzlich 1421 m² Tuch. Fünf Querschotte teilten den Rumpf in sechs wasserdichte Räume. Insgesamt konnten 360 Passagiere aufgenommen werden.

Am 26. Juli 1845 ging es auf Jungfernfahrt von Liverpool nach New York. Nach 14 Tagen und 21 Stunden war man am Ziel.

Im Herbst 1846 strandete die »Great Britain« vor der irischen Küste, weil der Kapitän durch einen neuen, nicht in seiner Karte eingetragenen Leuchtturm verwirrt worden war. Die »Great Western Steamship Company«, der das Schiff ebenso wie das Schwesterschiff »Great Western« gehörte, mußte Konkurs anmelden. 1847 wurde die »Great Britain« wieder freigeschleppt. Ihre Konstruktion hatte sich bewährt. Die Kritiker waren von der Tauglichkeit des Eisens überzeugt worden. Ab 1852 fuhr das Schiff auf der Australienroute. 30 Jahre später − nach nochmaligem Verkauf − wurde die Maschine entfernt und die »Great Britain« wieder als vollgetakeltes Schiff ausgerüstet. Die Dampfmaschine verbrauchte − im Vergleich zu den neuesten Konstruktionen − zu viel Kohle.

Im Jahre 1886 strandete die »Great Britain« in schwerer See vor Kap Hoorn.

Bis 1937 diente dann der erste eiserne Schraubendampfer als Kohlenhulk auf den Falklandinseln. Der eiserne Rumpf blieb auch danach noch bestehen. Isambard Kingdom Brunel glaubte an starke Schiffe. Seine »Great Britain« hat ihn um 100 Jahre überlebt. 1970 wurde sie zur Restaurierung nach England zurückgebracht, um fortan als Museum zu dienen.

Die Vorteile des Eisenschiffbaues waren unübersehbar. Entscheidend konnte die Festigkeit verbessert werden − und das bei weit geringerem Gewicht des Schiffes. Dadurch wieder vergrößerte sich bei gleichen Abmessungen

»Great Britain«

die Ladefähigkeit. Mehr Lasten — mehr Gewinn! Des weiteren konnten die Unterhaltskosten verringert und die Lebensdauer verlängert werden. Die Konstruktion schlankerer und schärferer Formen ermöglichte höhere Geschwindigkeiten. Größere Sicherheit bestand bei Feuer. Außerdem konnten · die von der stampfenden Dampfmaschine ausgehenden Vibrationen, die sich auf einem Holzschiff unangenehm bemerkbar machten, zurückgedrängt werden.

Weitere Vorteile traten ein, als in der zweiten Hälfte des 19. Jahrhunderts das Eisen von dem an Festigkeit überlegenen Stahl verdrängt wurde. Bezogen auf ein Segelschiff mit 3 000 t Wasserverdrängung, ergaben sich folgende Werte:

Schiffskörper	Eigengewicht	Tragfähigkeit einschließlich Ausrüstung
Holz	1 500 t	1 500 t
Eisen	1 290 t	1 710 t
Stahl	1 140 t	1 860 t

Mit Beginn des 20. Jahrhunderts wurde zu 95% Stahl im Weltdampfschiffbau verwendet.

Alle Neuerungen, so vorteilhaft sie auch sein mögen, sind jedoch zugleich auch mit Nachteilen behaftet; eine unabdingbare Dialektik jeglicher Existenzform. In die Milliarden gehen die Schäden, die Jahr für Jahr durch Rost verursacht werden. Farbe war das erste, mit dem man versuchte, dem schlimmsten Feind des Eisens zu begegnen. Zunächst im Innern der Schiffe. Mit Erfolg! Mehr Schwierigkeiten bereitete der Schutz der vom Wasser umspülten Schiffswände. Man beplankte den Boden mit Holz und benagelte ihn mit Kupferplatten, eine bereits in der Segelschiffahrt bewährte Methode. Außerdem versuchte man, mit Hilfe der Elektrolyse rostempfindliche Stellen zu verkupfern. Schließlich — nachdem entsprechende Farben entwickelt worden waren — setzte sich der Anstrich durch.

Und obgleich auch die anfänglich höheren Baukosten

eines »Eisen«dampfers als ein weiterer Nachteil ins Gewicht fielen, die außerordentlichen Vorteile des Eisens gegenüber dem Holz waren unbestreitbar.

Mit der Fertigung eiserner Schiffe war eine grundlegende Veränderung der Technologie – eine Revolution – im Schiffbau verbunden. Beil, Stemmeisen und Raspel hatten ausgedient. Maschinelle Blechscheren, Bohrmaschinen und hydraulische Niethämmer, sogenannte Arbeitsmaschinen, veränderten jetzt die Tätigkeiten auf den Werften. Die patriarchalisch geführten Familienbetriebe, die lange Zeit das Bild der alten Seestädte geprägt hatten, gerieten ins Hintertreffen. Großunternehmen mit mehreren tausend Beschäftigten wurden bestimmend. Nicht mehr althergebrachte Bauweisen, von den Vätern überlieferte Erfahrungswerte wiesen dem Schiffbau die Richtung, sondern wissenschaftliche Erkenntnisse (u. a. Statik- und Stabilitätsberechnungen) gaben ihm gegen Ende des 19. Jahrhunderts in zunehmendem Maße das Gepräge.

Schnitt durch einen eisernen Dampfer

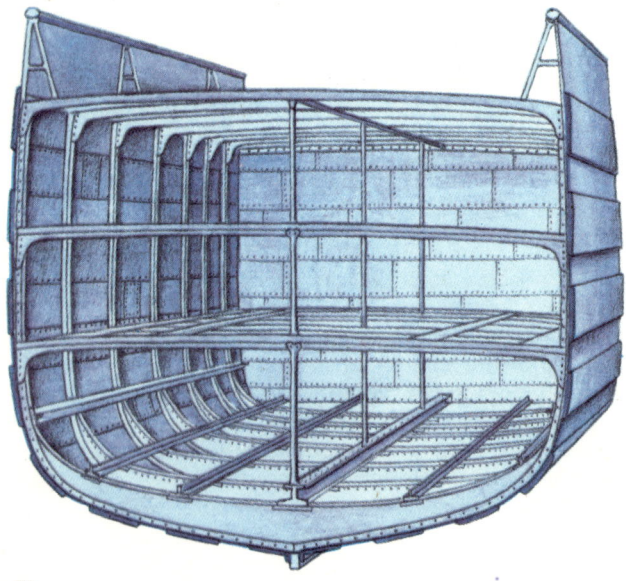

68

Frühgeburt eines Ozeanriesen

Eine Größe von 18 915 BRT, 207 m Länge, 25 m Breite und eine Seitenhöhe von fast 15 m — diese Abmessungen eines Schiffes hatte es bis zu Beginn der zweiten Hälfte des 19. Jahrhunderts noch nicht gegeben. »Die Augen der ganzen schiffenden Welt und der bei Handel und Schiffahrt Beteiligten sind auf dies Unternehmen gerichtet«, hieß es euphorisch in zeitgenössischen Berichten. »Die schwimmende Stadt«, »der Kristallpalast zur See« waren weitere Attribute.

Der »Eastern Steam Navigation Company« hatte Isambard Kingdom Brunel den Plan unterbreitet, einen Dampfer für die Route England—Indien—Ceylon zu bauen. Dabei sollte die Hin- und Rückfahrt ohne Zwischenbunkerung zurückgelegt werden. Angesichts der noch völlig unterentwickelten Länder, die entlang der Fahrtstrecke lagen, wollte man von der Energiebasis unabhängig sein. Doch dafür mußten rund 10 000 t Kohle mitgenommen werden. Eine gewaltige Menge! Außerdem waren vorgesehen: 800 Passagiere der 1. Klasse, 2 000 Passagiere der 2. Klasse und 1 200 Zwischendeckfahrgäste sowie 6 000 t Fracht. Das alles war für die damalige Zeit fast unvorstellbar! Überdies dachte Brunel daran, das Schiff als Truppentransporter für die britische Armee zu verwenden. Insgesamt wollte er 10 000 Mann unterbringen.

So überdimensional wie das Schiff, so gewaltig waren auch die Baukosten. Sie gingen weit über die 10 Millionen Mark hinaus.

Zunächst einmal schloß sich Brunel mit dem Werftbesitzer John Scott Russel zu Millwall an der Themse zusammen. Dann reiste Brunel landauf, landab. Agitierte und

»Great Eastern« (1858)

diskutierte, hielt Fach- und Propagandavorträge, debattierte mit Finanz- und Wirtschaftskreisen. Als ein Großteil der Summe in Aussicht war, konnte am 1. Mai 1854 der Kiel gelegt werden. Und alles, was dann an Technik und Ausstattung kam, blieb lange Zeit im Schiffbau gigantisch.

Angetrieben wurde der Koloß von drei Dampfmaschinen. Eine mit rund 1 190 kW (1 622 PS) lag achtern und trieb eine vierflügelige Schraube von 7,3 m Durchmesser an. Die beiden anderen Maschinen mit je 1 470 kW (2 000 PS) bewegten unabhängig voneinander zwei seitwärts angebrachte Schaufelräder mit einem Durchmesser von 17 m. Den Dampf lieferten sechs Kofferkessel für die Schraube und vier Kofferkessel für die Räder. Zusätzlich trug das Schiff noch Hilfssegel. Es waren sechs Masten mit einer Segelfläche von 5 435 m^2. Bei voller Fahrt wurden 15 kn erreicht. Die Kohlebunker faßten mehr als 12 000 t. Der tägliche Verbrauch lag bei 350 t.

Der »König der Meere« begann Gestalt anzunehmen. Doch 1855, als ein Drittel des Schiffskörpers fertiggestellt war, mußte der Bau wegen Geldmangel unterbrochen werden. Wieder reiste Brunel durch die Lande und trieb neue Mittel auf. Endlich, 1857, war der Bau so weit gediehen, daß der Stapellauf erfolgen konnte. Als Termin wurde der 3. November bekanntgegeben. Wegen der beträchtlichen Länge war das Schiff auf einer parallel zum Fluß verlaufenden Helling, einer Querhelling, errichtet worden. Alles war startbereit.

Getauft wurde der Riese auf den Namen »Leviathan« nach dem ungeheuerlichen Fisch in der Bibel. Registriert wurde das Schiff unter dem Namen »Great Eastern«. Und so ist es dann auch in die Geschichte der Schiffahrt eingegangen.

Nachdem die Stopper gelöst waren, begann der Ablauf – schief, so schien es. Die Kontrollwinschen wurden gebremst. Lautes Kreischen. Das Schiff stand. Der Untergrund gab nach. Der Koloß klebte auf dem Stapel. Nun mußte das Schiff zollweise mit Handspaten zu Wasser gebracht werden. Die Schinderei dauerte bis Anfang 1858. Endlich, am 31. Januar schwamm der »Ozeanriese« auf der Themse. Die Kosten des Stapellaufes: 250 000 Mark. Die Reederei war bankrott. John Scott Russel verlor seine

Werft. Brunel erlitt den ersten Nervenzusammenbruch. Nachdem es ihm gelungen war, ein neues Unternehmen auf die Beine zu stellen, konnte der Ausbau 1859 abgeschlossen werden. Zwei Tage vor der Jungfernfahrt – sie war für den 7. September vorgesehen – erlitt Brunel neuerlich einen Nervenzusammenbruch. 10 Tage später verstarb er. Aber auch bei der Jungfernfahrt riß das Mißgeschick nicht ab. Ein Wassermantel an einem Schornstein explodierte. Bilanz: 5 Tote und mehrere zum Teil Schwerverletzte.

Nachdem weitere Schäden und Pannen behoben waren, konnte die Reederei Anfang 1860 glücklich vermelden: »Ready for sea!« Am 7. Juni verließ die »Great Eastern« Southampton mit Kurs New York. An Bord 38 Passagiere und acht Reedereigäste. Das Schiff allein benötigte 418 Offiziere und Mannschaften. Nach 11 Tagen und 2 Stunden hatte man den Atlantik überquert.

Bei der nächsten Reise fuhr das Schiff vor New York auf ein Riff. Die äußere Schiffshaut riß auf. Zwar bewährte sich dabei der erstmals in einem Schiff eingebaute Doppelboden – später wurden alle Schiffe entsprechend konstruiert. Da es aber für den Riesen in New York kein Trockendock gab, mußten Taucher den Schaden beheben. Kostenpunkt: fast 100 000 Mark.

Während einer weiteren Fahrt geriet die »Great Eastern« in schwere Stürme. Die Schaufelräder zerbrachen. Sämt-

»Great Eastern«. Querschnitt durch den Rumpf

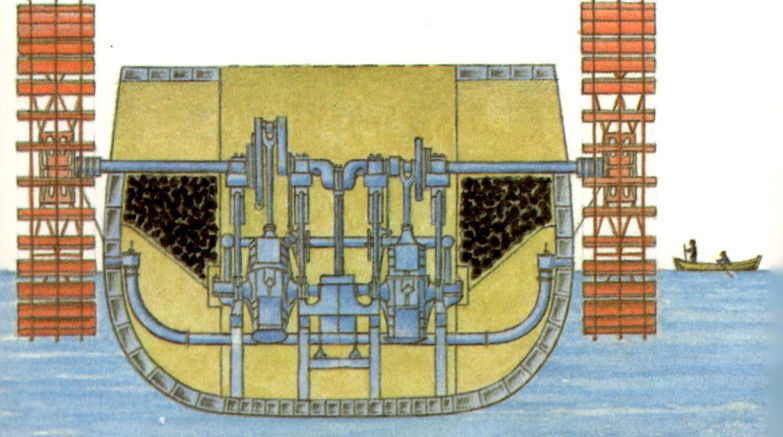

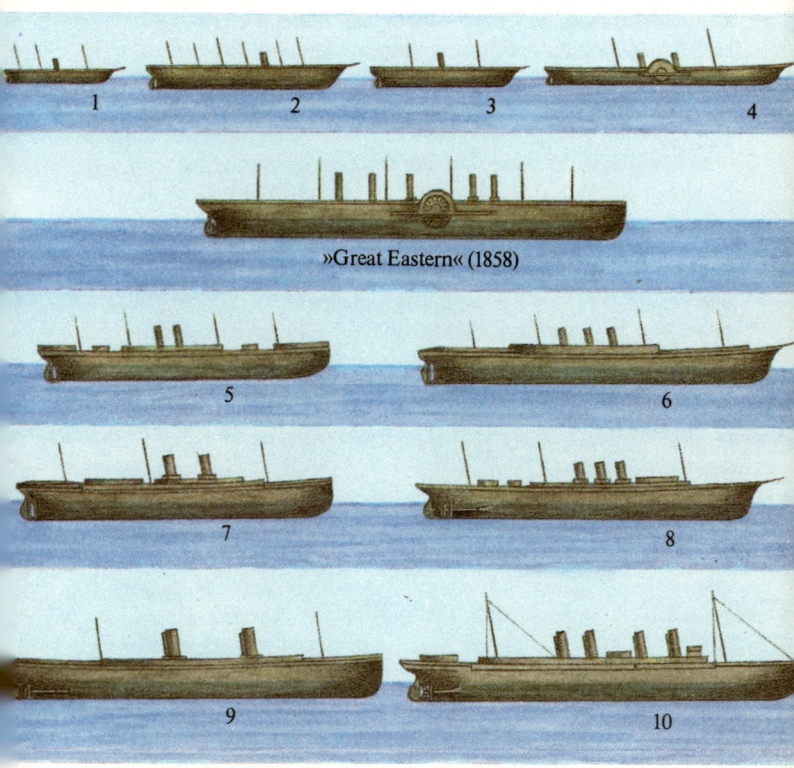

Größenvergleich der »Great Eastern« (207,3 m) mit anderen Schiffen. 1 — »Sirius« (1834), 54,2 m; 2 — »Great Britain« (1834), 88,1 m; 3 — »City of Glasgow« (1850), 69,2 m; 4 — »Scotia« (1861), 115,5 m; 5 — »Britannic« (1874), 138,7 m; 6 — »City of Rome« (1881), 166,4 m; 7 — »Umbria« (1884), 152,4 m; 8 — »City of New York« (1888/89), 160,5 m; 9 — »Campania« (1893), 182,9 m; 10 — »Kaiser Wilhelm der Große« (1897), 190,5 m

liche Schaufeln gingen verloren. Das Ruder zerbarst. Tagelang trieb der Gigant manövrierunfähig in der tobenden See — bis es schließlich gelungen war, ein Notruder anzubringen.

Schon nach den ersten Fahrten war die »Great Eastern« in Verruf geraten. Wegen der Größe des Schiffes hatte man keine Erfahrung mit dem Schlingern auf hoher See. Alle nicht niet- und nagelfesten Gegenstände waren durcheinandergeflogen und hatten zahlreiche Fahrgäste verletzt. Stets blieben die Passagierkabinen und Frachträume unausgelastet. Die Schulden der Reederei stiegen auf die beachtliche Summe von 6 Millionen Mark. Keiner wollte sich mehr so recht dem Unglücksschiff anvertrauen. Das Unternehmen war bankrott. Der Ozeanriese kam 1864 unter den Hammer.

Mehrere Monate lag das Schiff still. Doch auf einmal wurde ein solches Riesenschiff gesucht! Man war dabei, zwischen England und Nordamerika die ersten transatlantischen Unterwasserkabel zu verlegen. Es fehlte aber ein Dampfer, der ein solches Einhundert-Tausend-Zentner-Tau, wie es im Volksmund bezeichnet wurde, tragen konnte. Man erinnerte sich der »Great Eastern«, kaufte das Schiff und rüstete es zu einem Kabelleger um. Drei riesige Seilbehälter faßten insgesamt 2 480 Seemeilen an Kabel. Zehn Jahre lang war das Schiff im Einsatz. Es legte 5 Telegrafenkabel im Atlantik und eines im Indischen Ozean. Inzwischen waren aber Spezialdampfer — Kabelleger — entwickelt worden. Die Notlösung »Great Eastern« hatte ausgedient. Das Schiff noch einmal für den Passagierdienst zu aktivieren war angesichts der traurigen Vergangenheit und der mittlerweile veralteten Maschinen ein nutzloses Unterfangen.

Der »König der Wellen« nahm ein ruhmloses Ende. Er wanderte von Hand zu Hand, von Spekulant zu Spekulant. 1884 wurde das Schiff bei einer Ausstellung in New Orleans auf dem Mississipi als schwimmendes Hotel genutzt. Ein Jahr später lag es als Kohlendepot vor Gibraltar, danach als Ausstellungsobjekt an der britischen Westküste. 1888 kam dann das Ende. Die »Great Eastern« wurde für 400 000 Mark auf Abbruch versteigert und nach Liverpool gebracht. Das »Abschlachten« des Riesen dauerte fast zweieinhalb Jahre. Am 30. September 1891 wurden die letzten Bodenstücke auseinandergeschlagen.

Erst Jahre später wurde dann ein streng gehütetes Geheimnis preisgegeben. Beim Abwracken hatte man eine traurige Entdeckung gemacht. Es waren zwei Skelette. Sie lagen in einer Zelle des Doppelbodens. Als nachgeforscht wurde, stieß man auf zwei Nieter, die beim Bau verschwunden und offensichtlich in einer der engen Zellen erstickt waren. Und da nach Seemannsglauben Gebeine an Bord Unglück bringen, hatte man im nachhinein die vermeintliche Ursache aller Mißgeschicke gefunden.

Das Dampfschiff »Great Eastern« war genial erdacht und von seinen Erbauern unter großen Mühen fertiggestellt worden. Doch es eilte seiner Zeit um 50 Jahre voraus. Trotz steigenden Seeverkehrs, trotz stetiger Zunahme der Passagiere und der Frachten stand die eingesetzte Technik im offenen Widerspruch zur Ökonomie. Was groß und gewaltig ist, muß nicht immer rentabel, muß nicht immer wirtschaftlich sein! Bemerkenswert blieben konstruktive Lösungen, die richtungweisend im Schiffbau werden sollten: Erstmalig waren Doppelböden und Längsspanten in ein Schiff eingebaut worden. Sicherheit und Festigkeit hatten beträchtlich erhöht werden können. Dampfschiffe in einer Dimension der »Great Eastern« — technisch jedoch ausgereifter — setzten sich erst um die Jahrhundertwende durch.

Compound
kontra »Kohlefresser«

Mit der Entwicklung des Dampfschiffes war keineswegs ein sofortiges Ende der Segelschiffahrt verbunden. Ganz im Gegenteil! So seltsam es klingen mag, aber im Existenzkampf zwischen Segler und Dampfer erreichte die jahrtausendalte Segelschiffahrt im zweiten Drittel des 19. Jahrhunderts ihre höchste Blüte. Weltberühmt wurde der Klippertyp des Amerikaners John Griffith. Imposant und stolz wirkten sie, die »Windjammer«, die »Königinnen der Meere«. Dampfschiffe fuhren zwar auf Grund größerer Unabhängigkeit von Wind und Wetter in der Regel schneller und waren meist auch pünktlicher. Diese Vorteile mußten jedoch vorerst mit hohen Kosten für mehr Arbeitskräfte für Maschinen und Brennstoffe sowie für den stark verminderten Laderaum erkauft werden. Die Dampfschiffe waren die reinsten »Kohlefresser«. Der kanadische Dampfer »Royal Williams«, der, von Montreal kommend, 1831 auf der Themse eintraf, hatte nichts weiter geladen als Kohlen. Wen wundert es, daß der renommierte Londoner Professor Lardner konstatierte: »Dampfschiffahrt über den Ozean ist ein Unding; denn es kann nicht die Aufgabe der Schiffe sein, nur ihren eigenen Brennstoff übers Meer zu bringen.« Noch um 1850 brauchte ein Dampfschiff mit einer 735-kW-Maschine (1 000 PS) für eine 20tägige Reise rund 1 200 t Steinkohle. Hinzu kamen 10 bis 20 % »eiserner Bestand«, also weitere 200 t. Maschine und Kessel schienen mehr dazu bestimmt gewesen zu sein, vom Schiff getragen zu werden, als das Seefahrzeug anzutreiben. Jahrzehnte spöttelte man in England: »Du brauchst eine Erzmine, um eine Dampfmaschine zu bauen, und eine Kohlengrube, um sie betreiben zu können!«

Die ersten Dampfschiffe waren mit Niederdruckdampfmaschinen ausgerüstet. Sie arbeiteten nur bis zu 0,1 MPa
(etwa 1 kp/cm^2). Die Maschinen hatten ein hohes Eigen-
gewicht und einen großen Raumbedarf. Die Kraft wurde
von der Kolbenstange indirekt über die Zwischenhebel,
Balancier (Schwinghebel) und Schubstangen einschließlich
Lenkerstangen auf eine Welle übertragen, auf der sich die
Schaufelräder befanden und die dadurch in Bewegung
gesetzt wurden. Diese Seitenbalanciermaschinen Watt-
scher Bauart waren eine konstruktiv komplizierte Lösung.
Der Fortschritt der nächsten Jahre bestand nun darin, daß
diese Maschinen allmählich in direktwirkende umgestaltet
wurden. Die Zwischenhebel entfielen. Zwischen Zylinder
und Kurbelwelle wurde eine möglichst unmittelbare Kraft-

Seitenbalancier

übertragung hergestellt. Derartige Konstruktionen dominierten in den 30er und 40er Jahren.

Eine weitere Verbesserung boten die Oszillationsmaschinen. Die Zylinder waren in kräftigen Zapfen schwingend – oszillierend – gelagert, so daß sie den Bewegungen der starren, direkt an die Kurbel angelenkten Kolbenstange folgen konnten.

Mit Einführung der Schraube im Vortrieb ging man auf Grund der tiefen Lage der Propellerwelle dazu über, anstatt der bisher stehenden Maschinen (vertikaler Zylinder) liegende Maschinen (horizontaler Zylinder) zu bauen. Die für die Schraube notwendige hohe Umdrehungszahl wurde vorerst mit einem Vorgelege (Getriebe) erreicht. Das kostete aber solange zusätzlichen Raum, bis man auch hier direktwirkende Maschinen entwickelt hatte. Sie waren überdies kürzer – ein weiterer Vorteil! Am besten bewährten sich die Trunkmaschinen. Die geringe Baulänge wurde dadurch erreicht, daß die Schubstange direkt am Kolben der Maschine angriff.

Verbunden mit der Entwicklung leistungsfähiger Niederdruckdampfmaschinen in der Schiffahrt blieben die Namen der Engländer Henry Maudslay (1771–1831) und John Penn (1805–1878).

Da die ersten Schiffsmaschinen mit niedriggespanntem Dampf arbeiteten, waren die ersten Schiffskessel Niederdruckkessel. Meistens hatten sie flache Wände und die äußere Form eines Koffers. Deshalb bezeichnete man sie auch als Kofferkessel. Zunächst wurden sie ausschließlich

Trunkmaschine

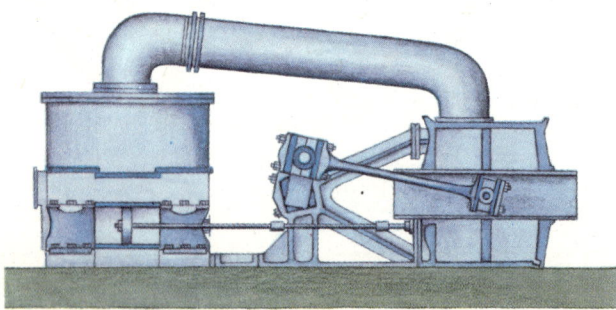

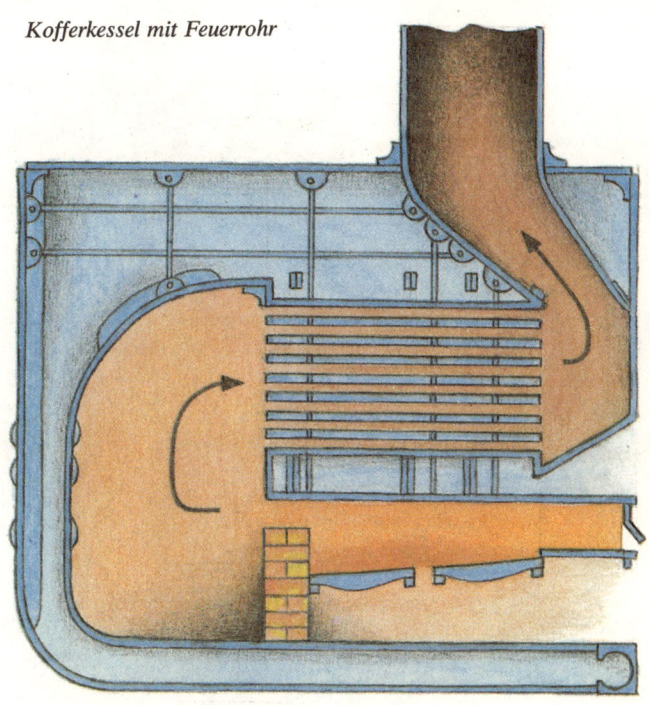

Kofferkessel mit Feuerrohr

aus Kupfer hergestellt. Seit den 40er Jahren verwendete man zunehmend Eisenbleche. John Ericsson verarbeitete sie als erster. Er fand bald Nachfolger. Wie im Landkesselbau, so waren auch die ersten Schiffskessel sogenannte Zugrohrkessel. Die Gase durchstrichen an den Wänden entlang gewisse Wege, auf denen sie ihre Wärme an das zu verdampfende Wasser abgaben. Derartige Kessel waren aber wegen der geringen Heizfläche sehr unökonomisch. Einen beträchtlichen technischen Schritt nach vorn bedeutete die Verwendung eines Feuerrohrsystems in den Kesseln. Jetzt mußten die Heizgase ihren Weg durch eine große Anzahl von Röhren nehmen, die von dem zu verdampfenden Wasser umspült wurden. Der Bau dieser kofferförmigen Feuer- bzw. Rauchrohrkessel erstreckte sich bis in die 80er Jahre des 19. Jahrhunderts.

Den Segelschiffen stand nahezu der gesamte Schiffs-

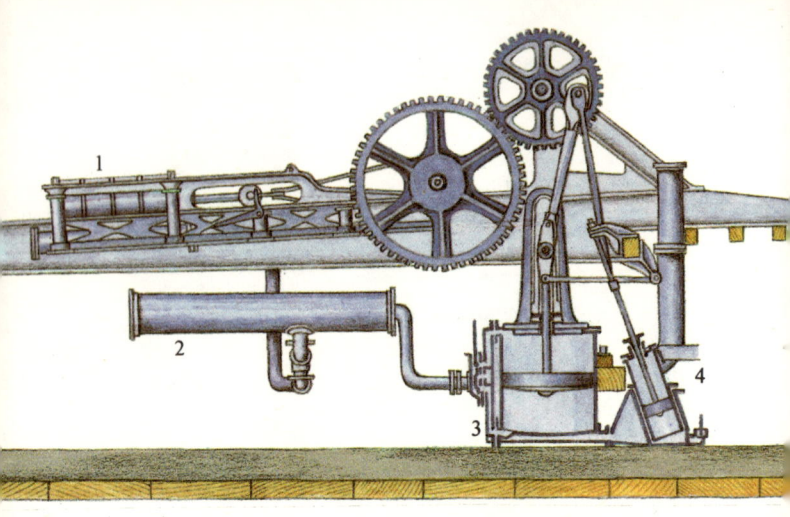

Roentgen-Verbundmaschine. 1 — Hochdruckzylinder; 2 — Refrigator; 3 — Niederdruckzylinder; 4 — Luftpumpe

raum zum Verstauen der Frachten zur Verfügung. Die Dampfer mußten jedoch eine Dampfmaschine und den Dampfkessel mit an Bord nehmen, außerdem Kohlen und das Speisewasser für den Kessel. Das alles kostete Laderaum. Fracht ging verloren. Deshalb mußte dieser gewissermaßen »tote« Raum so klein wie nur irgend möglich gehalten werden. Dementsprechend schlecht waren die Arbeits- und Lebensbedingungen für diejenigen an Bord, die die Maschinenanlage in Betrieb halten mußten, die Maschinenwärter und Heizer. Für die Maschinisten war es eine Tortur, in den beengten Räumen die Maschine zu warten, für die Heizer eine Qual, bei Mangel an Luft und Licht den Kessel unter Dampf zu halten. Höchstens zwei bis drei Jahre, länger hielt es auch der Stärkste nicht aus. Dann mußte abgeheuert werden, als menschliches Wrack, viele obendrein von der Tbc befallen. Schuld an diesem Dilemma hatte aber nicht ausschließlich James Watts Dampfmaschine! Gewiß waren lange Zeit die Arbeiten an der Maschine und vor den Kesseln bei einem relativ niedrigen technischen Entwicklungsstand sehr erschwert. Mit allmählich verbesserter Technik veränderten sich dann auch, wenngleich wesentlich langsamer, die Arbeitsbedingungen der Heizer und Maschinisten an Bord. Dennoch! Entscheidend war, daß sich mit der neuen Technik auch neue Produktionsverhältnisse herausbildeten, kapitalistische Produktionsverhältnisse der Ausbeutung. Und für den Reeder, den Kapitalisten als Besitzer des Produktionsmittels Dampfschiff, für ihn war und blieb der Profit Maßstab aller Dinge.

Wesentliche technische Veränderungen im Schiffsantrieb wurden in dem Augenblick eingeleitet, als es auch auf Schiffen möglich wurde, die Kraft hochgespannter Dämpfe – den Hochdruck – zu nutzen. Die Voraussetzung dazu schuf Samuel Hall mit seinem 1834 patentierten Oberflächenkondensator. Solange man auf die Einspritzkondensation angewiesen war und kaltes Meereswasser zur Beschleunigung des Kondensationsprozesses in den Dampf spritzte, solange mußte man unter einer Temperatur von 144 Grad Celsius bleiben, um ein Ausscheiden der im Meerwasser gelösten Salze, vor allem der kohlensauren Kalksalze, weitgehend zu verhindern. Kochsalze schieden trotzdem aus. Durch den Oberflächenkondensator kamen nun der Dampf und folglich das Speisewasser überhaupt nicht mehr mit dem salzhaltigen Kühlwasser in Berührung. Jetzt konnte »mit Hochdruck« Dampf gemacht werden. Zunächst 0,4 MPa, dann 0,5 und endlich 0,6 MPa; später gar 1 MPa, 1,2 und 1,5 MPa (Ü).

Aber den ersten – hochgespannten – Erwartungen folgte Ernüchterung und Betroffenheit. Theoretisch hatte man eine 40%ige Kohleersparnis errechnet. Tatsächlich waren es nur 12%. Bei den ersten auch in der Schiffahrt eingesetzten Hochdruckdampfmaschinen handelt es sich um sogenannte Einfach-Expansionsmaschinen. Die Kraft des Dampfes wurde nur einmal genutzt. Das war unökonomisch. Denn in einer einzylindrigen Maschine ließ sich die Eigenschaft des Wasserdampfes, der auf steigende Temperatur mit einem potenziert steigenden Druck reagiert, nicht nutzen, weil mit zunehmender Expansion des Dampfes der Druckabfall immer größer wurde. Erst mit den Mehrfach-Expansionsmaschinen, erst mit der mehrfachen Nutzung der Kraft hochgespannter Dämpfe arbeiteten die Antriebsmaschinen rationeller, begann die Ära

der Hochdruckdampfmaschinen — und der Hochdruckkessel — in der Schiffahrt.

Die Kraft des Dampfes mehrfach zu nutzen hatte bereits
der Engländer Jonathan Hornblower vorgeschlagen. James
Watt mit seinen Patenten wußte jedoch den Bau derartiger
Maschinen zu verhindern. Nach dem Jahre 1800, als Watts
Patente abgelaufen waren, baute sein Landsmann Arthur
Woolf eine Zweifach-Expansionsmaschine. Sie bestand
aus einem Hoch- und einem Niederdruckzylinder. Der
Nachteil war jedoch, daß beide Kurbeln stets gleichzeitig
auf dem toten Punkt standen, da der Dampf unmittelbar
vom Hochdruck- in den Niederdruckzylinder überströmte.
Diesen Mangel konnte der Holländer Moritz Roentgen,
Technischer Leiter der »Nederlandschen Stoomboot
Maatschappij«, beheben. Er baute zwischen beiden Zylin-
dern einen Behälter ein. Roentgen nannte ihn »Refrigator«.
Darin wurde der Dampf, nachdem er seine Arbeit im
Hochdruckzylinder verrichtet hatte, kurz gespeichert und
dann erst an den Niederdruckzylinder weitergeleitet. Jetzt
war es möglich, den Kurbeln solche Stellungen zu geben,
daß die Maschinen in jeder Lage ansprangen. Das große
Verdienst Roentgens war es also, beide Zylinder über
diesen Zwischenbehälter verbunden — englisch »com-
pound« — zu haben. Das war 1834. Noch fuhr man mit
Einspritzkondensation! Deshalb sprach man auch weiterhin von Verbundmaschinen. Erst als man dann diese
Verbundmaschinen für die Seeschiffahrt mit dem Oberflächenkondensator verband und dieser Typ seine un-
bestrittene Leistungsfähigkeit unter Beweis stellte, bür-
gerte sich der Begriff »Compoundmaschine« ein.

Mit der Einführung dieses Maschinentyps in die Schifffahrt, der Mehrfach-Expansionsmaschine mit Oberflächenkondensator, ist der Name John Elder verbunden.

Elder wurde am 8. März 1824 in Glasgow geboren. In die
Lehre ging er bei Robert Napier, einem anerkannten
schottischen Dampfschiffbauer. Hier war auch Johns
Vater, David Elder, beschäftigt, der als »Kunstmeister«
sein Lehrausbilder wurde. Mit 30 Jahren trat John Elder
in eine alteingesessene Firma ein, die Mühlen und Maschinen herstellte. 1860 übernahm er dann die Leitung des

Unternehmens. Danach gelangte die Fabrik Randolph, Elder & Co. zu ihren größten Erfolgen im Schiffsmaschinenbau.

Wie viele Ingenieure und Techniker, so hatte auch John Elder großen Widerstand zu überwinden. Fast zehn Jahre dauerte es, bis man von seinen Konstruktionen überzeugt war. Dann aber war der Erfolg durchschlagend. Der Kohleverbrauch sank gegenüber der Hochdruckmaschine mit einfacher Expansion um 20%, gegenüber den in der Schifffahrt gebräuchlichen Niederdruckdampfmaschinen gar um mehr als 50%. Ende der 60er Jahre trat die von John Elder entwickelte Compound-Maschine als Schiffsmaschine ihre Herrschaft an, die bis in die 80er Jahre andauern sollte.

Entsprechend den Vorläufern handelte es sich auch hier um eine Zweifach-Expansionsmaschine, bestehend aus einem Hochdruck- und einem Niederdruckzylinder. An Stelle des Zwischenbehälters genügte bei den neuen Konstruktionen für gewöhnlich ein etwas größeres Überströmrohr bzw. der Raum zwischen den Zylindern. Mit zunehmendem Dampfdruck konnten die Compoundmaschinen noch leistungsfähiger gemacht werden, bzw. noch leistungsfähigere Maschinen verlangten höhere Dampfdrücke. Diese gegenseitige Abhängigkeit führte zum Bau des in Schottland entwickelten »Schottischen Kessels«. Auf Grund seiner zylindrischen Form wurde er später Zylinderkessel genannt. Zwar beanspruchte dieser Kessel wegen seiner Form mehr Schiffsraum bei der Aufstellung und war so unökonomischer als der Kofferkessel, jedoch konnte man durch die zylindrische Form — und das war der Vorteil, der überwog — Dampfdrücke von 1 MPa (Ü) und mehr erzeugen. Um den höhergespannten Dampf noch besser zu nutzen, um schließlich noch mehr kW zu erzielen, wurden dann Zweifach-Expansionsmaschinen mit drei Zylindern konstruiert (ein Hoch-, zwei Niederdruckzylinder). Damit war dann praktisch der Vorläufer für einen die Schiffahrt bis ins 20. Jahrhundert beherrschenden Dampfmaschinentyp geschaffen worden: die Dreifach-Expansionsmaschine. Sie bestand aus je einem Hoch-, Mittel- und Niederdruckzylinder. Die daraus entwickelte Vierfach-Expansionsmaschine brachte keine wesentlichen Vorteile.

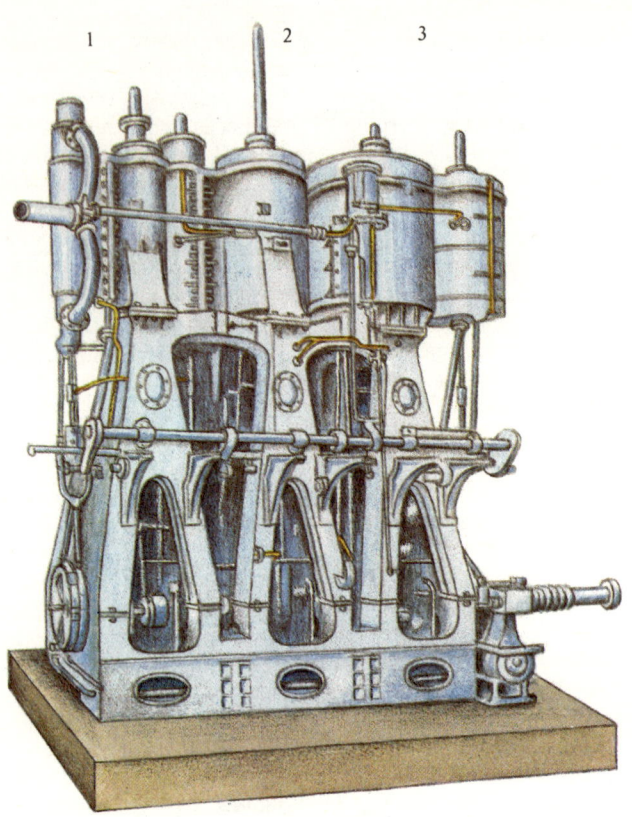

Dreifach-Expansionsmaschine der »Aberdeen«. 1 — Hochdruck-zylinder; 2 — Mitteldruckzylinder; 3 — Niederdruckzylinder

Neuerlich hatte die Konkurrenz als eine der Haupttrieb-kräfte des Kapitalismus den technischen Fortschritt wei-tergetrieben, hatte wirtschaftlicher Druck zur Entwicklung der Dreifach-Expansionsmaschine geführt. Seit den 70er Jahren war es der Dampfschiffahrt mit Hilfe der Com-poundmaschine möglich geworden, regelmäßige Fahrten zwischen Europa und Australien aufzunehmen. Zuvor konnte nur durch Segelschiffe und sporadisch fahrende Dampfer eine Verbindung aufrechterhalten werden. Mitte der 70er Jahre verschärfte sich aber die allgemeine wirtschaftliche Situation. Eine 1873 ausgebrochene Weltwirtschaftskrise hinterließ ihre Spuren. Das Frachtgeschäft war rückläufig. Die Gewinne blieben aus. Nur die kapitalkräftigsten Reedereien konnten sich einigermaßen über Wasser halten. Mit jedem Cent mußte gerechnet werden. Verschärfte Ausbeutung und Reduzierung der Betriebskosten waren die Reaktionen der Reedereien.

In dieser Zeit weltweiter Depression bestellte eine englische Schiffahrtsgesellschaft bei der Firma Napier & Sohn in Glasgow einen Dampfer namens »Aberdeen«. Er sollte auf der Fernost- und Australien-Route eingesetzt werden. An die vorgesehene 1985-kW-Maschine (2700 PS) war die Bedingung geknüpft, sie so zu konstruieren, daß der Kohleverbrauch der besten Compoundmaschinen wesentlich unterschritten wurde. Chefkonstrukteur Kirk projektierte eine dreizylindrige Dreifach-Expansionsmaschine. Das bedeutete je einen Hoch-, Mittel- und Niederdruckzylinder. Im Februar 1873 wurden mit der »Aberdeen« erste Probefahrten durchgeführt. Und der Kohleverbrauch war erstaunlich gering. Nur noch 0,8 kg je kW (0,58 kg je PS und Stunde). Der Kessel arbeitete mit nahezu 0,9 MPa Überdruck (8,8 at) — und hielt durch; denn er war aus weichem Stahl hergestellt worden. An zu schwachen Kesseln waren nämlich Kirks Vorgänger, darunter auch John Elder, gescheitert.

Der geringe Energieverbrauch war für den neuen Maschinentyp Werbung genug. Drei Jahre später waren allein in England schon 150 Dreifach-Expansionsmaschinen für Handelsdampfer neu gebaut und 20 Zweifach-Expansionsmaschinen auf den neuen Typ umgerüstet worden. Schnellste Ausbreitung fand der Maschinentyp bei Kriegsschiffen, insbesondere bei Torpedobooten. Objektive Zwänge zum Bau immer größerer Schiffe erforderten zugleich, die Antriebskräfte immer mehr zu steigern. Eintausend, zweitausend, fünftausend, zehntausend und mehr kW wurden gegen Ende des 19. Jahrhunderts verlangt. Diese Leistungen wurden durch Zylinderteilung erreicht. Zum Beispiel besaß die Maschine einen Hoch-, einen Mittel- und zwei gleiche Niederdruckzylinder. Das war eine Dreifach-Expansionsmaschine mit vier Zylindern.

Andere verfügten über fünf Zylinder. Außerdem wurde an Stelle der für Schraubenschiffe bisher typischen liegenden Maschinen die stehende, die sogenannte Hammermaschine, eingeführt. Der Zylinder mit Kolben stand über der Kurbelwelle.

Für die Dampferzeugung wurde der Wasserrohrkessel entwickelt. Das Wasser zirkulierte in Rohren, während die Heizgase diese umstrichen. Es war das entgegengesetzte Prinzip des Feuerrohrkessels.

Die Mehrfach-Expansionsmaschinen brachten den Reedereien gleich in mehrfacher Hinsicht Gewinn. Durch die Energieeinsparung brauchten sie einmal weniger Kohle zu kaufen, zum anderen auch weniger zu bunkern. Dadurch stand wieder mehr Laderaum zur Verfügung. Benötigte eine Niederdruckdampfmaschine 3,1 kg Kohle je kW und Stunde, so verringerte sich diese Menge bei einer Compoundmaschine auf 1,36 bis 1,5 kg je kW und Stunde. Eine Dreifach-Expansionsmaschine brauchte dann nur noch 0,88 bis 1,02 kg je kW und Stunde. Hinzu kam ein geringeres Gewicht für Maschine und Kessel. Dadurch reduzierte sich das Raumbedürfnis für die gesamte Maschinenanlage.

Schiffsdampfmaschine 1860–1910

Jahr	Dampfdruck MPa Überdruck	Kohleverbrauch kg/kW h	Maschinenmasse t
1860	0,15	3,5	2 100
1880	0,5	1,63	1 700
1900	1,5	1,02	1 500
1910	1,6	0,82	1 400

Weniger Kohle und weniger Maschinenmasse ermöglichten noch mehr Fracht. Ein Dampfer mit 3 500 t Wasserverdrängung, ausgerüstet mit einer mehrstufigen 735-kW-Maschine (1 000 PS), konnte 50 % mehr Ladung befördern und erzielte außerdem bei einer Fahrzeit von 10 Tagen eine Kohleersparnis von mehr als 400 t.

Was Energieeinsparung in der weiteren Entwicklung der Dampfschiffahrt bedeutete, soll einmal am Beispiel des Kohleverbrauchs eines »Ozeanriesen« um die Jahrhundertwende demonstriert werden. 1897 stellte die Bremer Reederei »Norddeutscher Lloyd« den Schnelldampfer »Kaiser Wilhelm der Große« mit 14 349 BRT in Dienst. Die Maschinen leisteten insgesamt 20 580 kW (28 000 PS). Bei einem Verbrauch von 1,5 kg je kW und Stunde wurden 486 t Steinkohle pro Tag verfeuert. Hinzu kamen 25 t für Heizung, Küche, Beleuchtung auf dem Schiff. Das machte insgesamt 511 t. Bei einer Reisedauer von 7 Tagen, bemessen für die Strecke Europa—Nordamerika, waren das rund 3 577 t. Um diese Menge herbeizuschaffen, brauchte man 358 Eisenbahnwagen zu je 10 t. Mehrere Güterzüge waren also notwendig. (Der 10-t-Waggon war eine damalige Normalgröße.) An Bord des Schiffes befanden sich zwölf Doppelkessel mit je acht Feuern und zwei Einfachkessel mit je vier Feuern. Insgesamt also 104 Feuer. Pro Tag verbrauchte ein Feuer 4,913 t Kohle. Rechnet man nun pro Schaufelwurf 20 kg Kohle, so mußte der Heizer alle sechs Minuten seine Schaufel voll mit Kohle aufwerfen. Zugleich mußte diese Menge aus den Bunkern herbeigeschafft werden. Das machten die Kohlentrimmer. Bei noch vollen Bunkern wurde die Kohle in Körben herangetragen. Bei stärker geleerten Bunkern und größeren Entfernungen zum Feuerloch erfolgte der Kohletransport dann mit kleinen Wagen.

Das Heizen war aber nur die eine Seite. Es mußten ja auch die Rückstände beseitigt werden. Und je mehr Kohle verfeuert wurde, desto mehr Asche fiel an. Umfangreich waren die technischen Ausrüstungen zur Aschebeseitigung. Als großer Müllcontainer fungierte dabei der Ozean. Die gesamte Asche ging über Bord! Der Gesamtverbrauch an Kohle auf den Dampfern des »Norddeutschen Lloyd« betrug im Jahre 1904 die Menge von 1 320 000 t bei einem Gesamtwert von rund 21,5 Millionen Mark. Wen wundert's, wenn Großreedereien eigene Bergwerke besaßen! Und wen wundert es, daß sich die Reeder über jedes eingesparte Gramm Kohle pro kW und Stunde freuten! Denn in der Gesamtsumme war es ein nicht unerheblicher Gewinn.

Mit der Mehrfach-Expansionsmaschine stand der Schiffahrt seit dem letzten Drittel des 19. Jahrhunderts ein

energiesparender, leistungsstarker, rentabler — ein pro-
fitbringender — Antrieb zur Verfügung. Jetzt war es
möglich geworden, mit der jahrtausendealten Segelschiff-
fahrt in einen »echten« Wettbewerb zu treten, sie nieder-
zukonkurrieren.

Gegen Ende des 19. Jahrhunderts überrundete die Welt-
dampfertonnage die der Segelschiffe. Die Kraft des
Dampfes war schließlich doch stärker als die des Windes.
Und in dieser Zeit verschwanden auch die letzten Hilfs-
segel auf Dampfschiffen. Es blieben nur noch die Masten
als Ladebäume. Der Konkurrenz erlagen auch diejenigen
Dampfer, bei denen die nun moralisch verschlissenen
Niederdruckdampfmaschinen nicht durch Mehrfach-
Expansionsmaschinen ersetzt werden konnten; so der
erste »Ozeanriese«, die »Great Eastern«, wie auch der erste
transatlantische Schraubendampfer, die »Great Britain«.
Die »kohlefressenden« Niederdruckdampfmaschinen
hatten den technischen Fortschritt angekündigt; die
Compoundmaschine trug schließlich den Sieg davon.

Mehrfach-Expansionsmaschinen, Hochdruckkessel,
Doppelschrauben und Stahlbauweise ermöglichten es — in
Kombination mit preiswertem Komfort für die Kunden —,
immer größere, schönere und schnellere Dampfschiffe zu
bauen. Die Profite für die Unternehmer wuchsen.

Den absoluten Höhepunkt im Schiffbau des 19. Jahrhunderts bildeten die Schnelldampfer. Sie waren für die
Monopolreedereien eine entscheidende Waffe im Kampf
um Marktanteile. Und der Dampfer, der im Topp des
Vormastes einen seidenen blauen Wimpel tragen durfte,
war nicht nur der schnellste auf der Nordatlantik-Route
zwischen Bishops Rock auf den britischen Scilly-Inseln
und dem Ambrose-Leuchtfeuer vor New York, sondern
hatte auch für seine Reederei einen Sieg gegenüber seinen
Konkurrenten herausgefahren. Wer aber strebte nicht danach, der Schnellste zu sein, sich Träger des »Blauen Bandes« nennen zu dürfen? Wenngleich dies eine mehr oder
weniger imaginäre — nicht offizielle — Auszeichnung
war!

Der Kampf
ums »Blaue Band«

Wettfahrten hat es schon immer gegeben. Selbst während der Segelschiffahrt gab es bereits ein »Blaues Band«. Beim Derby – und hier liegt der Ursprung – erhielten die dreijährigen Galopper eine »blue ribbon« als symbolischen Leistungsnachweis. Bei der Schiffahrt wurde es zum Symbol des schnellsten Schiffes. An sich ist es ein sehr schönes, erstrebenswertes Ziel, schnell, stark, leistungsfähig zu sein. Doch sollten sich im Verlauf des 19. Jahrhunderts bei der Schiffahrt Inhalt und Methoden eines durchaus gesunden Strebens nach Wettbewerb grundlegend ändern.

Mit Beginn des 19. Jahrhunderts schritt in England die kapitalistische Industrialisierung unaufhaltsam fort. Immer mehr wurde maschinell produziert, viel und billig. Der Handel florierte. Ex- und Importe stiegen. Man brauchte Rohstoffe, mußte Fertigwaren absetzen. Die eigenen nationalen Marktgrenzen wurden immer enger. Man begann, neue internationale Märkte zu erobern. Und das nach bewährter Strategie: Flagge – Handel – Truppe! Der Kapitalismus schuf sich »seinen« Welthandel und Weltmarkt. Dazu brauchte man aber auch qualitativ neue Verkehrs- und Transportbedingungen. Bisher dominierte in der Schiffahrt – und sie blieb auch bestehen – eine »wilde« Fahrt, die sogenannte Trampschiffahrt. Die Schiffe liefen hin und wieder einmal diesen, einmal jenen Hafen an. Jetzt wurden jedoch zusätzlich Schiffe benötigt, die man in den Produktions- und Verkaufsprozeß fest miteinbeziehen konnte. Beide, Kaufmann und Produzent, brauchten zunehmend regelmäßige, zuverlässige, exakt kalkulierbare Verkehrsverbindungen. Beide, die Handels-

Hafenmotiv gegen Ende des 19. Jahrhunderts

bourgeoisie und die Industriebourgeoisie, forderten schnellere Transportmöglichkeiten, um die Umlaufzeit ihres Kapitals zu verkürzen. Die Ausbreitung der kapitalistischen Warenproduktion bei gleichzeitiger Konzentration in bestimmten Gebieten zwang zur Aufnahme einer Schiffahrt zwischen ganz bestimmten Häfen, einer Linienschiffahrt. Die Reeder legten Abfahrtstage fest und boten dem Verlader damit erhöhte Sicherheit auf Übernahme der Beförderung und dem Empfänger Möglichkeiten, annähernd genau zu berechnen, wann er in den Besitz der Waren kommen konnte. Die Reeder selbst kassierten für das Risiko, nicht voll ausgelastet zu sein, höhere Frachtgebühren.

Im Jahre 1816 wurde die erste – neuzeitliche – Linienverbindung auf dem Nordatlantik eröffnet. Ausgangs- bzw. Endpunkt waren die Häfen New York und Liverpool. New York war das »Tor zur Neuen Welt«. Überdies wurden die USA in der weiteren Entwicklung zu einem

wichtigen Baumwollieferanten; und Liverpool war das
»Tor« für das Baumwolle-Produktionszentrum von Man-
chester.

Eingerichtet hatte diese Verbindung die »American-
Black-Ball-Line«. Die Reederei setzte vier Segelschiffe mit
einer Größe von 400 bis 500 BRT ein. Eine Überfahrt
dauerte im Durchschnitt 20 bis 25 Tage.

Auf der ersten deutschen Überseelinie, die 1838 zwischen Hamburg und New York eröffnet wurde, brachte der
Reeder Slomann ebenfalls vier Segler zum Einsatz.

Somit kamen zwar stetig neue Linien hinzu, und eine
gewisse Regelmäßigkeit des Verkehrs zwischen bestimmten Häfen war gewährleistet. Solange man aber nur mit den
von Wind und Wetter abhängigen Segelschiffen verkehren
konnte, waren Zuverlässigkeit und Pünktlichkeit mit einem
großen Unsicherheitsfaktor behaftet. Wochenlange Ver-
zögerungen blieben nicht aus.

Mit der Nutzung der Dampfmaschine boten sich für die
Schiffahrt ganz neue Möglichkeiten. Anfänglich stand
jedoch, wie wir bereits sahen, die mangelnde Rentabilität

»Britannia«

der neuen Kraftmaschine im Wege. Mit der »kohlefressenden« Dampfmaschine und den schwerfälligen Seiten-
rädern blieben Dampfschiffe im Überseeverkehr vorerst
die Ausnahme. Zunächst fuhr man mit Dampf regelmäßiger
über die Randmeere. So wurden in den 20er Jahren ständige
Dampfschiffverbindungen zwischen London, Hamburg,
Antwerpen und Rotterdam eingerichtet.

Im Jahre 1838 schrieb die britische Admiralität einen
Post- und Depeschendienst zwischen England und der
Kolonie Kanada sowie den USA aus. Nach zähen Verhand-
lungen erhielt der aus Kanada zugereiste prominente
Kaufmann Samuel Cunard den Zuschlag: zunächst 60 000
Pfund. Später stieg die Summe auf fast das Dreifache an.
Diese Entwicklung war nicht nur für England, sondern
auch für andere westeuropäische Länder insofern typisch,
als die ersten transatlantischen Liniendienste mit Dampfschiffen wegen der hohen Betriebskosten nur durch Staats-
zuschüsse für den Posttransport möglich waren.

Cunard verpflichtete sich, pro Monat für zwei Fahrten
zu sorgen; und zwar von England zum kanadischen Hafen

Halifax und dem amerikanischen Hafen Boston. Zusammen mit drei Liverpooler Kaufleuten gründete er die »British and North American Royal Mail Steam Packet Company«. In die Schiffahrtsgeschichte ist sie unter dem Namen »Cunard-Linie« eingegangen. 1840 wurde der Verkehr von Liverpool aus eröffnet. Als erstes Schiff machte sich die »Britannia« auf den Weg. Nach 14 Tagen und 8 Stunden hatte man, über Halifax kommend, Boston erreicht. Der Empfang in beiden Häfen war enthusiastisch. Damit bestand die erste atlantische Dampferlinie. Und mit der »Britannia« eroberte Cunard auch als erster das »Blaue Band«. Während einer Rekordfahrt wurden 10,7 kn erreicht.

Neben der »Britannia« wurden drei weitere Schiffe in Dienst gestellt: »Acadia«, »Caledonia« und »Columbia«. Alle vier Schiffe der »Cunard-Linie« waren hölzerne Raddampfer von je 1 156 BRT. Die Maschinen von Napier aus Glasgow mit 264 kW (440 PS) schafften durchschnittlich 8,5 kn. 115 Kabinenpassagiere fanden Unterkunft. Die Crew bestand aus 89 Offizieren und Mannschaften. Die Offizierskabinen waren auf dem Hauptdeck — ebenso wie Kombüse, Bäckerei und Kuhstall. »Seefeste« Kühe lieferten täglich Frischmilch für die Passagiere. Im Zwischendeck befanden sich zwei Speisesäle und alle Quartiere für Gäste und Mannschaft. Unter dem Zwischendeck war Raum für 225 t Fracht. Diese Schiffe waren folglich kombinierte Passagier- und Stückgutdampfer. Mit Hilfe der staatlichen Unterstützung nahm die erste Dampfschifflinien-Reederei eine erfolgreiche Entwicklung, nicht zuletzt dadurch, daß alle Schiffe einander so ähnlich wie nur irgend möglich gebaut worden waren, um Dauerkunden auf jedem Schiff den gleichen Komfort bieten zu können. Für den Schiffbau bedeutete die »Britannia« mit ihren drei Schwesterschiffen den Beginn des Serienbaues von Überseedampfern.

Im Jahre 1862 besaß »Cunard« 11 Dampfer und stellte — mit der Tradition verbunden — im gleichen Jahr mit der 3 871 BRT großen »Scotia« den schönsten und zugleich letzten Raddampfer für den Atlantikverkehr in Dienst. Obgleich die Überlegenheit der Schraube längst nachgewiesen war, holte sich dieser Raddampfer, der eine

»Scotia«

Marschfahrt von 13,5 kn erreichte, wenig später das »Blaue Band« und behielt es bis 1867. Zuvor war es im Besitz eines Schwesterschiffes, der »Persia«. Diese wiederum hatte es 1855 dem »Collins«-Dampfer »Arctic« abgejagt. Damit hatte der Konkurrenzkampf zwischen »Cunard« und der von amerikanischen Reedern 1850 gegründeten »Collins-Linie« seinen Höhepunkt erreicht. Mit 385 000 Dollar Staatssubventionen pro Jahr waren die Amerikaner dennoch zu kapitalschwach, den »kostspieligen Wettbewerb« durchzustehen und »Cunard vom Atlantik zu fegen«, wie sie großsprecherisch verkündet hatten. Das gleiche Schicksal erlitten auch die 1847 in New York gegründeten ersten beiden amerikanischen Linien, die unmittelbaren Vorläufer von »Collins«. Die Hauptverkehrs- und Warenströme begannen sich zunehmend in Ost-West-Richtung von Europa nach Nordamerika zu entwickeln; und da saßen nun einmal die europäischen Reeder näher am Ausgangspunkt des Geschäftes und ließen sich das von Fremden vorerst nicht streitig machen.

Die Erfolge der Cunard-Linie einerseits, die Gefahr, an der Quelle sitzend dennoch aus dem Geschäft gedrängt zu werden, beschleunigte auch in Deutschland die Aufnahme des Linienverkehrs. 1847 gründeten im traditionellen Schiffahrts- und Handelszentrum Hamburg mehrere Reeder und Kaufleute die »Hamburg-Amerikanische-Packetfahrt-Aktien-Gesellschaft« (HAPAG). Es war die erste deutsche Übersee-Reederei auf Aktienbasis. Das Anfangskapital betrug 450 000 Mark. Wie die meisten Unternehmen vor ihr begann auch die HAPAG ihren Betrieb vorsichtshalber erst einmal mit Segelschiffen. Sie verkehrten auf der Route Hamburg—New York. Aber bereits Mitte der 50er Jahre wurden in England die ersten beiden Dampfer bestellt. Es waren die je 2 026 BRT große »Hammonia« und »Borussia«. Ihre Maschinen von 1 030 kW (1 400 PS) schafften rund 12 kn. Beide Schiffe — noch als Dreimastbarken getakelt — zeigten erstmals die dann für alle Dampfer typischen Mittschiffsaufbauten. Ihre erste Reise unternahmen die Schiffe jedoch nicht, wie vorgesehen, nach Amerika, sondern zur Krim. Die HAPAG hatte sie dorthin als Truppentransporter verchartert. Der Reingewinn: 236 000 Mark. Am 1. Juli 1856

wurde dann der Linienverkehr nach New York aufgenommen. Auch hier war der wirtschaftliche Erfolg durchschlagend. Die Befürchtung, Dampfschiffe könnten un-
rentabel sein, zerstob mit jedem neuen Geschäftsjahr. Die
Dividenden betrugen anfänglich 20%.

Dieser Entwicklung konnte Bremen mit seiner »heftigen
wirtschaftlichen Eifersucht« nicht gleichgültig gegenüber-
stehen. 1857 wurde, ebenfalls auf Aktienbasis, der Norddeutsche Lloyd gegründet, ein Jahr später von Bremerhaven aus mit den vier 2 674-BRT-Schraubendampfern
»Bremen«, »New York«, »Hudson« und »Weser« der Linienverkehr aufgenommen. Die »Bremen« wurde selbst
von englischen Experten als ein vorzüglich gelungenes
Schiff anerkannt. Es konnte 60 Passagiere der 1. und 110
der 2. Klasse sowie 700 im Zwischendeck aufnehmen.
Außerdem war eine Zuladung von 1 000 t Gütern möglich.
Die durchschnittliche Geschwindigkeit des Schiffes mit
einer 963-kW-Maschine (1 310 PS) betrug 11,5 kn.

Seit den 70er Jahren dehnte sich der Linienverkehr
sprunghaft aus. Im unwiderstehlichen Drang nach weiterer
kolonialer Aufteilung der Welt, in der unersättlichen Gier
nach neuen Rohstoffquellen und Absatzmärkten, wurden
ständig weitere Reedereien gegründet, wurden neue Linien
eröffnet. Um die Jahrhundertwende umspannte ein Netz
von Liniendiensten den gesamten Erdball. Wie schrieben
doch Marx und Engels bereits 1848 im Kommunistischen
Manifest? »Das Bedürfnis nach einem stets ausgedehnte-
ren Absatz für ihre Produkte jagt die Bourgeoisie über die
ganze Erdkugel. Überall muß sie sich einnisten, überall
anbauen, überall Verbindungen herstellen.« Und deutsche
Reedereien kämpften dabei in vorderster Front. Wie sollte
doch die kaiserliche Parole lauten? »Deutschlands Zukunft
liegt auf dem Wasser!« In völliger Fehleinschätzung der
eigenen Voraussetzungen ging man dann hinterher um so
fürchterlicher baden.

Solange bei Gründung neuer Linien Verkehrsverbindungen zu weniger erschlossenen Gebieten hergestellt
wurden, verlief die Entwicklung der Reedereien durchaus
im gegenseitigen Einvernehmen. Wesentlich schneller
geriet man auf Konfrontationskurs bei ausgesprochenen
Konkurrenzlinien. Vor allem die Nordatlantikroute, die

»Hammonia«

sich immer mehr zur »Hochstraße des Weltverkehrs« entwickelte, lockte mit ihren günstigen Gewinnchancen immer
neue Großunternehmen an:

1864 – Compagnie generale transatlantique (Frankreich–
   Nordamerika)

1869 – White-Star-Line (Liverpool–Nordamerika)

1871 – American-Line (Philadelphia–Europa)

1872 – Red-Star-Line (Antwerpen–Nordamerika)

1873 – Holland-Amerika-Linie   (Rotterdam–Nordamerika).

Hinzu kamen viele kleinere Unternehmen, die zunächst in
der Trampschiffahrt fuhren, dann aber ebenfalls in das
große Geschäft der Linienschiffahrt über den Nordatlantik
einzusteigen versuchten.

Welches waren nun die Verdienstgrundlagen? Einmal
war mit dem allgemeinen wirtschaftlichen Aufschwung der
USA – der Außenhandel hatte sich von 121 Millionen
Dollar 1821 auf 4,258 Milliarden Dollar 1914 erhöht –
zugleich der wechselseitige Güterverkehr USA–Europa
angestiegen; denn mehr als 50% des Außenhandels ent-

fielen auf diese Handelsverbindungen. Somit verdiente man am Frachtgeschäft. Die andere Quelle des Profites war der ständig gestiegene Passagierverkehr. Ja, er sollte mit zur wichtigsten Grundlage überhaupt werden. Aber nicht die Passagiere der 1. und 2. Klasse, untergebracht in Kajüten, brachten den großen Reichtum. Sie waren zwar der äußere Glanz, warfen aber infolge höherer Kosten einen geringeren Gewinn ab. Nein! Steigende Dividenden der Aktionäre sicherten die Ärmsten der Armen: Auswanderer, untergebracht im Zwischendeck. Bis zu vier Fünftel des transatlantischen Passagierverkehrs bestanden aus der »Zwischendeckbeförderung«.

Ein wahrer Auswandererstrom ergoß sich im Verlauf des 19. Jahrhunderts von Europa nach Nordamerika. Allein 5 Millionen Menschen verließen Deutschland. Andere kamen aus Süd- und Osteuropa. Verschuldet, verarmt, vertrieben von Haus und Hof. Auch viele Abenteurer waren darunter! Sie alle hatten ihre wenigen Ersparnisse gegen einen Fahrschein für eine Reise in die »Neue Welt« eingetauscht, hoffend auf bessere Zeiten. Doch für viele blieb die Ungewißheit ein unsichtbarer, aber ständiger Reisebegleiter. In einem der Überseehäfen waren sie zunächst von den Passageagenten geschröpft worden. Sie vermittelten für die meist des Lesens und Schreibens unkundigen Auswanderer einen Platz auf einem Schiff. Im Zwischendeck, zusammengepfercht, unterhalb der Wasserlinie, ohne Licht und ausreichende Ventilation, ohne Komfort und Service, fuhr man dann über den »großen Teich«. Etwas besser wurde es später – soweit man Aufpreise bezahlen konnte – auf den großen Schnelldampfern. Dennoch blieb alles bescheiden. Auf einem Plakat der Cunard-Linie war für Zwischendeckpassagiere zu lesen: »Jeder Passagier erhält einen besonderen Platz. Verheiratete kommen mit ihren Kindern in einen Raum; ledige Frauenzimmer in Zimmer für sich allein und ledige Männer in Räumlichkeiten, welche von den anderen gänzlich getrennt sind. Die Passagiere haben sich mit einem Teller, Tasse, Messer, Gabel, Löffel und Wasserkanne sowie Bett zu versehen. Dies alles ist in Hamburg mit geringen Kosten anzuschaffen.«

Um die Fahrscheine dieser Auswanderer entbrannte im

Verlauf der zweiten Hälfte des 19. Jahrhunderts ein Konkurrenzkampf ohne Beispiel. Die kleinen Reeder wurden immer weniger, die wenigen Großen immer mächtiger! So auch die HAPAG! 1875 wurde die Adler-Linie Hamburg—New York mit ihren sechs Dampfern niederkonkurriert. 1888 verlor die Carr-Linie, die mit vier Dampfern zwischen Hamburg und New York verkehrte, ihre Selbständigkeit. Mit diesem Unternehmen wurde auch der Passageagent Albert Ballin in die HAPAG übernommen. Energisch, kraftvoll und entschlossen stieg dieser aus Hamburg stammende Kaufmann Stufe um Stufe bis an die Spitze der aus der HAPAG hervorgegangenen Reederei der Hamburg-Amerika-Linie empor. Und dann begann er seine Maxime »Mein Feld ist die Welt!« in die Praxis umzusetzen. So wurden dann aus dem Feld geschlagen:

1896 die Hansa-Linie Hamburg—Montreal—Boston, vier Dampfer;

1898 die Kingsin-Linie Hamburg—Ostasien, sechs Dampfer;

1899 die Reederei De Freitas Hamburg—Südamerika, vierzehn Dampfer;

1900 die Chinesische Küstenlinie der Firma Diederichsen, Hebsen & Co in Apenrade, ein Dampfer;

1901 die englische Atlas-Linie New York—Westindien und Zentralamerika.

Außerdem wurden sogenannte Betriebsgemeinschaften abgeschlossen, u. a. mit den Reedereien »Hamburg-Süd« und »Kosmos«. Im Verlauf von kaum 20 Jahren hatte sich die Hamburg—Amerika-Linie, vormals HAPAG, zum größten Schiffahrtsunternehmen der Welt »emporge-

Nachfolgende Seiten:
Schnitt durch einen Ozeandampfer der Hamburg-Amerika-Linie.
1 — Kommandobrücke; 2 — Navigationsraum; 3 — Sonnendeck-Promenade; 4 — Luxuskabine; 5 — oberes Promenadendeck; 6 — Restaurant; 7 — unteres Promenadendeck; 8 — sogen. Kaiserzimmer; 9 — Blumenladen; 10 — Kinderzimmer; 11 — Telefonzentrale; 12 — Schreibzimmer; 13 — Hauptspeisesaal; 14 — Passagierkabinen I. Klasse; 15 — Gepäckraum; 16 — Dampfküche; 17 — Hauptküche; 18 — Zwischendeck (Abteilungen für Familien); 19 — Duschkabinen; 20 — Wohnräume für Stewards; 21 — Kohlenbunker; 22 — Ladungsräume; 23 — Provianträume; 24 Doppelboden mit darüber befindlichem Kesselraum

arbeitet«. Mehr als 1 Million BRT Schiffsraum sowie über 200 Millionen Mark Aktienkapital und Anleihen umfaßte dieses Monopolunternehmen zu Beginn des 20. Jahrhunderts. Kaiser-Intimus Ballin stand auf der Höhe seiner Macht. Und seine Majestät Wilhelm II. wußte dann auch den Direktor der HAL, Albert Ballin, als »kühnen, unternehmenden Hanseat« zu würdigen, »der hinausgegangen ist, um für uns friedliche Eroberungen zu machen, Eroberungen, deren Früchte dereinst unsere Enkel einheimsen werden!« Es waren sehr saure Früchte, die Albert Ballin und auch die anderen Vertreter seiner Klasse hinterließen; denn ihre so »friedlichen Eroberungen« hatten nur eines zum Ziel: wirtschaftliche Expansion — Sicherung von Monopolprofiten — Neuaufteilung der Welt!

Bei aller Vielfalt der Methoden, den wirtschaftlichen Rivalen zu besiegen, dominierte das »Unter-Wasser-Schießen«, d. h. die Methode, mit Preisnachlässen und Extraprovisionen den Kapitalschwächeren auszuschalten. Um 100 Zwischendecker mehr zu gewinnen, reduzierte man die Passagierpreise für 1 000 Menschen auf die Hälfte. Einem nominellen Passagiergewinn von 10 % — vorausgesetzt, daß man seinem Konkurrenten die Passagiere auch wirklich abjagte — stand eine reale Fahrpreiseinbuße von 50 % gegenüber. Finanzielles Fazit mithin: ein Reineinnahmeverlust von 40 %. Es ist klar, daß damit keine kapitalistische Reederei auf die Dauer existieren konnte; denn ohne Profit rauchte kein Schornstein, auch nicht bei der Dampfschiffahrt! Je mächtiger aber die sich einander bekämpfenden Reedereien, je größer die aus nationalem Prestigedenken resultierende Unterstützung seitens ihrer jeweiligen Staaten wurden, desto mehr verringerten sich die Möglichkeiten einer direkten Ausschaltung des Kontrahenten. So blieb dann — nach erbittertem Kampf — meist nur ein Ausweg: über monopolistische Absprachen sich einen möglichst hohen Profitanteil zu sichern.

Erste derartige Ansätze sind bereits in den 70er Jahren zu finden. 1875 einigten sich die HAPAG und der Norddeutsche Lloyd auf einheitliche Zwischendeckraten. Außerdem fand im gleichen Jahr die bekannte Linienkonferenz in Kalkutta über die Regulierung der Raten im Großbritannien-Indien-Verkehr statt. Sie gab als erste

Monopolvereinbarung in der Schiffahrt dem bis in die Gegenwart existierenden System der »Konferenzlinien« ihren Namen.

1885 wurden in Hamburg auf der »Konferenz der Nordeuropäischen Dampferlinien« verbindliche Absprachen über die Höhe der Preise für die Atlantiküberfahrt getroffen. An der Konferenz beteiligten sich: die HAPAG, der Norddeutsche Lloyd Bremen, die Holland-Amerika-Linie Rotterdam und die Red-Star-Line Antwerpen. Eine befriedigende Lösung stellte dieses Preiskartell jedoch nicht dar.

Aus Angst vor noch größeren Verlusten gründeten die gleichen Reedereien 1892 den »Nordatlantischen Dampfer-Linien-Verband« (NDLV). Diese weitergehende Monopolabsprache kannte nicht nur gemeinsam festgelegte Raten, sondern teilte auch die zu erwartende Anzahl der Zwischendeckpassagiere prozentual unter die Konferenzteilnehmer auf. Es erhielten:

Norddeutscher Lloyd	46,16 Prozent
Hamburg-Amerika-Linie	28,84 Prozent
Red-Star-Line	15,70 Prozent
Holland-Amerika-Linie	9,30 Prozent.

Dieses internationale Schiffahrtsmonopol, von den beteiligten Gesellschaften als ein »Sprung ins Dunkle« bezeichnet, »bewährte« sich. Durch Konkurrenzminderung scheffelten die Beteiligten Millionenprofite. 1894 folgte eine Regelung über die Frachtenanteile im Stückgutverkehr. 1896 wurde die Konferenzabsprache auf die Kajütenpassagiere ausgedehnt. Nachdem bereits 1895 in einer Art Rückversicherungsvertrag mit englischen Reedereien festgelegt worden war, daß die Konferenzreedereien auf den Transport von englischen und skandinavischen Auswanderern verzichteten und die englischen Reedereien die Beförderung der osteuropäischen Auswanderer ausschließlich den Konferenzreedereien überließen, fanden sich dann im Jahre 1908 sämtliche im Verkehr zwischen Nordeuropa und den USA tätigen Passagierreedereien aus Deutschland, Großbritannien, den Vereinigten Staaten, den Niederlanden, Frankreich, Belgien und Kanada in der »Atlantik-Konferenz« zusammen. Ein Jahr später begründeten 15 italienische, deutsche, britische, amerikanische, spanische, französische und österreichische Firmen die »Mittelmeer-Konferenz«.

Bei allen Vorteilen konnten derartige Regelungen jedoch nie von Dauer sein. Zu ungleich blieb die wirtschaftliche Entwicklung der einzelnen kapitalistischen Staaten, zu ungleich deren Monopolreedereien. Man hatte eine Art »Feuerpause« im »Unter-Wasser-Schießen« erreicht, eine zeitweilige Sanktionierung des bestehenden ökonomischen Kräfteverhältnisses. Eine derartige Konstellation wurde jedoch in der Praxis ständig aufs neue in Frage gestellt. »A big game of bluff« — ein großes Spiel der Irreführung — charakterisierte sarkastisch der Präsident der »White-Star-Line«, Bruce Ismay, den »Raten-Kuhhandel«, die mono-polistischen Versuche einer Regelung der Profitmaxi-mierung. Unter der durch »Waffenstillstand« künstlich geglätteten Oberfläche wurde der Konkurrenzkampf erbitterter denn je weitergeführt. Und Bruce Ismays »White-Star-Line« lieferte ja dafür eines der unrühm-lichsten Beispiele in der Geschichte der Schiffahrt!

Eine Komponente hatten die Konferenzteilnehmer nie

»Arizona«

»Elbe«

in ihre Absprachen mit einbezogen, die dann von den Monopolreedereien, durch staatliche Subventionen zur Sicherung des nationalen Prestiges mit Millionenbeträgen zusätzlich angeheizt, um so entschiedener eingesetzt wurde: die Technik.

Mit Beginn der Dampfschiffahrt über den Atlantik hatte ein Wettlauf der Schiffsmaschinen eingesetzt. Jeder wollte der Schnellste sein. Zunächst waren die englischen Reedereien Cunard, Inman und White Star vom Wettlauffieber gepackt worden. 1879 schickte dann die Guion-Linie ihre 5 000 BRT große »Arizona« ins Rennen. Schon bei der Jungfernreise nahm sie dem White-Star-Liner »Britannic« das »Blaue Band« ab. Die Dreifach-Expansionsmaschinen der Firma John Elder brachten 4 747 kW (6 443 PS). Damit wurde eine mittlere Geschwindigkeit von knapp 16 kn erreicht, die dem Schiff den Beinamen »Atlantischer Windhund« einbrachte. Mit der »Arizona« vollzog sich zugleich eine weitere Spezialisierung im Schiffsverkehr, indem man Schnelldampfer – ein seit 1871 für besonders schnelle Dampfer gebräuchlicher Ausdruck – für den

»Servia«

Passagierverkehr und Frachtschiffe für den Gütertransport zu bauen begann.

Im Jahre 1881 nahm als erste deutsche Reederei der Norddeutsche Lloyd mit der 4 511 BRT großen »Elbe« den Schnelldampferdienst auf. Ebenfalls bei der Firma John Elder gebaut — die deutschen Werften waren bis dahin nicht in der Lage, derartige Schiffe zur vollsten Zufriedenheit herzustellen —, leistete die Maschine 4 115 kW (5 600 PS). Die Geschwindigkeit lag bei 16 kn. 1882 wurde die Strecke Southampton—New York in 8 Tagen und 1 Stunde zurückgelegt. Das Schwesterschiff »Werra« schaffte die Westfahrt in 7 Tagen, 20 Stunden und 15 Minuten.

Deutsche und amerikanische Postverwaltungen ließen bevorzugt mit dem Norddeutschen Lloyd transportieren.

Zwischenzeitlich waren auch die anderen Reedereien wieder aktiv geworden. Die Cunard-Linie ließ die »Servia« mit 7 392 BRT auf Kiel legen. Sie wurde ein tüchtiges Seeschiff, war als erstes Handelsschiff ganz aus Stahl gebaut, hatte bereits elektrische Beleuchtung und eine Maschine von 7 722 kW (10 526 PS). Damit wurden 16,7 kn geschafft. Und 1881 errang die »Servia« das »Blaue Band«.

Die Inman-Linie — von 1867 bis 1872 besaß ihre »City of Paris« die Trophäe, der Cunardschen »Scotia« abgejagt — ließ nun, um nicht ins Hintertreffen zu geraten, den »Blaubandrenner« »City of Rome« bauen. Das Ergebnis war ein schönes und beliebtes Schiff von 8 415 BRT. Die Maschinen brachten 8 858 kW (12 052 PS). Bei der Probefahrt lief es 18,2 kn. Über den Atlantik brauchte man aber einen Tag länger als die »Arizona«.

Im Jahre 1885 überquerte der Cunard-Dampfer »Etruria« den Atlantik in sechseinhalb Tagen. Das bedeutete eine Geschwindigkeit von 17,5 kn. 1888/89 erkämpfte sich wieder ein Inman-Liner, die »City of New York«, mit einer Spitze von 20 kn das »Blaue Band«.

Immer mehr Schnelldampfer wurden in Dienst gestellt; und mit jedem Neubau versuchte man, den Konkurrenten an Geschwindigkeit zu überflügeln. Zunehmende Schnelligkeit erhöhte das Passagieraufkommen, wenn-

»Fürst Bismarck«

gleich andererseits jeder Knoten mehr beträchtliche zusätzliche Bausummen verschlang. Deshalb hatten sich auch die HAPAG-Aktionäre vorerst gegen den Bau größerer Schnelldampfer gewandt. 1883 dann aber kreuzte die Hamburg-Amerika-Linie, vormals HAPAG, doch mit ihrem ersten großen Schnelldampfer auf. Der neue Chef Ballin hatte die Order erteilt und zugleich für eine Überraschung gesorgt. Die »Auguste Victoria« war der erste deutsche Doppelschraubendampfer und – obendrein – gebaut auf einer deutschen Werft.

Auf Drängen der deutschen Admiralität – man wollte unabhängiger werden vom englischen Schiffbau und selber Erfahrungen sammeln im Bau derartiger Schiffe, die im Kriegsfall als Truppentransporter bzw. als Hilfskreuzer Verwendung finden sollten – hatte die »Vulkan-Werft« in Stettin (heute: Szczecin) den Auftrag erhalten. Das Schiff war 7661 BRT groß. Die Maschinen leisteten 9188 kW (12500 PS). Zugleich jedoch – und diese Schiffbaupolitik wurde unter Ballin konsequent fortgesetzt – wurde ein Schiff von gleicher Größe und ähnlicher Ausrüstung in England bestellt, die »Columbia«.

Nach wie vor repräsentierte England den Welthöchststand im Schiffbau, und man blieb auf diese Weise mit dem Weltniveau des technologischen »know-how« in Berührung. Überdies wurde das Risiko etwas eingeengt, sollte man mit dem Dampfer eigener – unerfahrener – Produktion geringeren Erfolg haben.

1891 soll dann die Hamburg-Amerika-Linie mit »Fürst Bismarck« das »Blaue Band« errungen haben. Das war insofern eine echte Sensation, als dieser Dampfer mit 8874 BRT und einer Maschinenstärke von 12044 kW (16400 PS) neuerlich als deutsche Produktion von der Stettiner »Vulcan-Werft« kam. Deutschlands Imperialisten gaben die Parole aus: »Deutschlands Zukunft liegt auf dem Wasser!« Und so wurde auch im Schiffbau konsequent und hart daran gearbeitet, um dieses Ziel zu erreichen. »Fürst Bismarck« brauchte 6 Tage, 14 Stunden und 7 Minuten bis New York. Die durchschnittliche Geschwindigkeit betrug 19,5 kn. 1893 konterte Cunard mit den beiden Schwesterschiffen »Campania« und »Lucania«: je 12950 BRT. Doppelschrauben, Maschine maximal 22 087 kW (31 050 PS), Geschwindigkeit 21,3 kn. Bis 1897 trugen sie abwechselnd das »Blaue Band«.

Inzwischen hatte der »Norddeutsche Lloyd« den Anschluß verpaßt. Seine Einschrauben-Schnelldampfer waren technisch veraltet. Das Geschäft ließ nach. Nur die Flucht nach vorn konnte Rettung bringen. Das »Blaue Band« mußte neuerlich erobert werden. Bei der »Vulkan-Werft« in Stettin und bei der »Schichau-Werft« in Danzig (heute: Gdańsk) wurde je ein Schiff mit der Auflage bestellt, die Probe- und Abnahmefahrt habe eine vollständige Hin- und Rückfahrt über den Atlantik zu sein. Entsprachen die Schiffe nicht den Erwartungen, brauchte der Lloyd sie nicht zu kaufen. Die Reklamewirkung des »Blauen Bandes« ließ beide Werften die Bedingungen annehmen. Die »Schichau-Werft« schaffte es jedoch nicht, dafür aber die »Vulkan-Werft«.

Am 4. März 1897 lief das Schiff vom Stapel, getauft auf den Namen »Kaiser Wilhelm der Große«: 14 349 BRT, Doppelschrauben, Stahlbau, zwei Dreifach-Expansionsmaschinen mit insgesamt 20 580 kW (28 000 PS). Kosten des Schiffes: 10,5 Millionen Mark. Entsprechend den Anforderungen der Kriegsmarine war der Dampfer so gebaut worden, daß er als Hilfskreuzer im Krieg verwendet werden konnte. Am 19. September 1897 war die Probe-Jungfernfahrt. Auf der dritten Reise wurden 22,35 kn erreicht. Damit war man der Schnellste!

Der Glanz des »Blauen Bandes« brachte dem Norddeutschen Lloyd ein solches Geschäft, daß 28 % der 1898 in New York angelandeten Passagiere ein Ticket bei Lloyd gekauft hatten. Mehr noch! Die steigenden Gewinne ermöglichten sogar den Bau eines weiteren Schnelldampfers, »Wilhelm II.«, der 1904 das »Blaue Band« errang und es drei Jahre in seinem Besitz behielt. Der Norddeutsche Lloyd hatte sich — wenngleich mit deutlichem Abstand zur HAL — zum zweitgrößten Schiffahrtsunternehmen der Welt entwickelt.

Mit Beginn des 20. Jahrhunderts erfuhr der internationale Konkurrenzkampf eine weitere Zuspitzung. Das amerikanische Bankhaus Morgan war auch in das Schifffahrtsgeschäft eingestiegen und begann vor allem in England, eine Reederei nach der anderen aufzukaufen.

Eine »Morganisierung« der britischen Handelsschiffahrt drohte, als man selbst das traditionsreichste Unternehmen, die »Cunard-Linie«, schlucken wollte. Die Admiralität der Royal Navy war entsetzt. Nicht auszudenken: Potentielle Hilfskreuzer und Truppentransporter unter Kuratel der Amerikaner! Aus eigener Kraft vermochte sich die »Cunard-Linie« nicht mehr durchzusetzen. Vater Staat, der Interessenvertreter der Monopole, mußte die »Ehre Britanniens« retten. Die »Cunard-Linie« erhielt einen Jahreszuschuß von 3 Millionen Mark sowie ein Darlehen von 52 Millionen Mark. Davon sollten zwei Schnelldampfer gebaut werden mit dem Ziel, das »Blaue Band« zurückzuerobern. 1907 gingen die beiden Schwesterschiffe »Mauretania« und »Lusitania« auf Jungfernfahrt. Größe 31 938 BRT, Vierschraubenvortrieb, Maschinenleistung 52 164 kW (70 925 PS). Die Maschinenanlage war das Glanzstück! Nicht mehr Kolbenantrieb wie beim Lloyd, sondern Dampfturbinen. 4 Tage, 22 Stunden und 29 Minuten dauerte die Überfahrt der »Mauretania«. Die Durchschnittsgeschwindigkeit lag bei 25,9 kn. Das »Blaue Band«

»Kaiser Wilhelm der Große«

»Mauretania«

war zurückgeholt worden und blieb für 22 Jahre im Besitz der Cunard-Linie.

Dieser Entwicklung auf der Hauptroute Nordatlantik versuchte die »White-Star-Line« mit dem Bau des bis dahin größten, schönsten und − besonders lauthals propagiert − »sichersten« Dampfers zu begegnen. 1912 wurde die 46 329 BRT große »Titanic« in Dienst gestellt. Sie bot 3 300 Passagieren Platz: 735 der 1., 675 der 2. und 1 030 der 3. Klasse sowie 860 Offiziere und Mannschaften als Besatzung. Zwei Dampfmaschinen mit je 11 175 kW (15 204 PS) trieben die Außenpropeller, eine Turbine mit 11 920 kW (16 218 PS) die Mittelwelle. Auf der Jungfernfahrt nach New York − der zugleich letzten Fahrt − waren 2 206 Menschen an Bord. Am 14. April 1912 geriet das Schiff auf seinem Kurs in ein mit Treibeis durchsetztes Gebiet. Ungeachtet der Funkwarnungen vor driftenden Eisbergen wurde die Geschwindigkeit auf Drängen des an Bord befindlichen Generaldirektors der »White-Star-Line« nicht herabgesetzt. Um 23.40 Uhr, bei klarer Sicht und ruhiger See, stieß die »Titanic« mit einem Eisberg zusammen. Die Außenhaut wurde vom Vorsteven bis fast zur Schiffsmitte aufgerissen. Viele Abteilungen liefen voll Wasser. Am 15. April, 2.20 Uhr, ging die »Titanic« unter.

Die »White-Star-Line« wollte mit der »Titanic« durch Größe, Komfort und vermeintliche Sicherheit dem Konkurrenten Cunard mit seinen Blaubändern »Mauretania« und »Lusitania« Paroli bieten. Das Ergebnis: Eine der größten Schiffskatastrophen aller Zeiten. Wegen einiger Zehntel Prozent mehr Passagieranteile wurden Menschenleben skrupellos aufs Spiel gesetzt. Prestigedenken, Rekordambitionen, Gewinnsucht gingen vor Sicherheit. Die »Titanic« brauchte, entsprechend einer vom Profitstreben diktierten englischen Sicherheitsbestimmung, als ein »gut geschottetes Schiff« nur für die Hälfte aller Personen an Bord Rettungsboote mitzunehmen. Zwar besaß die »Titanic« 15 Querschotten, jedoch nicht mehr als die um 15 000 BRT kleinere »Mauretania«. Als das »sicherste Schiff der Welt« gesunken war, hatte es 1 503 Menschen, darunter 103 Frauen und 53 Kinder, mit in die eisigen Fluten des Nordatlantiks gezogen. Nach der »Titanic«-Katastrophe traf eine internationale Schiffssicherheitskonfe-

113

Was auf einer Ozeanreise mit 1100 Passagieren und 360 Besatzungsmitgliedern mitgeführt wurde: 1 — Gepäck; 2 — 14 Faß Austern und Muscheln; 3 — 850 kg Fisch; 4 — 1000 Block Eiskrem; 5 — 5000 t Kohle; 6 — 75 Faß Gemüse; 7 — Weine und Liköre; 8 — 450 kg Schweinefleisch und 250 kg Schinken; 9 — 400 kg Kalbfleisch und 6500 kg Rindfleisch; 10 — 1100 kg Hammelfleisch und 600 kg Lammfleisch; 11 — 175 kg Hefe; 12 — 380 Liter Sahne und 2200 Liter Milch; 13 — Tomaten und Sellerie; 14 — 175 Faß Kartoffeln; 15 — 400 t Trinkwasser; 16 — 200 kg Zunge; 17 — 90 Faß Mehl; 18 — 3000 kg Geflügel; 19 — 3000 Flaschen Bier; 20 — 40 t Eis; 21 — 20000 Eier; 22 — 575 Fäßchen Bier; 23 — 2400 Köpfe Salat; 24 — 300 kg Mehl u. Grütze; 25 — 650 kg Butter; 26 — 4250 kg frisches Obst

renz verbindliche Festlegungen für die Abschottung von Schiffe. Außerdem forderte sie, Seeschiffe mit »Rettungsbooten für Alle« auszurüsten.

Die um die Jahrhundertwende in Dienst gestellten Schnelldampfer erregten ob ihrer gewaltigen Dimensionen überall Aufsehen und Bewunderung.

Für die Passagiere der 1. und 2. Klasse standen Speisesaal, Gesellschafts-, Schreib-, Lese-, Rauch-, Spiel- und Kinderzimmer ebenso wie Promenadendeck mit Sonnen-

»Imperator«

deck zur Verfügung. Aus Konkurrenzgründen – vor allem mit Beginn der 80er Jahre immer luxuriöser ausgestattet, um »das Schiff als solches vergessen zu machen« – war das der äußere Glanz der Luxus-Liner. Im scharfen Kontrast dazu blieben die Arbeitsbedingungen der Decksleute, Heizer und Kohlentrimmer. »An Bord des Bremer Dampfers ›Kaiser Wilhelm der Große‹ sind während der Reise von New York nach Bremerhaven am 5. August 1912 zwei Überarbeiter, die Kohlenzieher Johann März und Johann Lind, an Herzlähmung infolge Hitzschlag verstorben«, hieß es in einem Spruch des Seeamtes Bremerhaven. Für 38 in New York desertierte Kohlenzieher hatte man 36 sogenannte Überarbeiter angeheuert. So bezeichnete man Personen, die sich die Überfahrt nach Europa an Bord verdienen mußten. »Allerdings«, so wird quasi entschuldigend im Seeamtsbericht hinzugefügt, »soll das Menschenmaterial an Überarbeitern gerade bei dieser Reise nicht gut gewesen sein; man habe aus Not nehmen müssen, was man an irgend tauglichen Leuten bekam!« Es war und blieb kein Einzelfall. Viele Beispiele gab es für Mißhandlungen, Selbstmorde und Todesfälle angesichts der rücksichtslosen Ausbeutung.

Einen weiteren Höhepunkt im Passagierschiffbau setzte unmittelbar vor Beginn des ersten Weltkrieges die Hamburg-Amerika-Linie. 1913/1914 – ein Jahr nach der »Titanic«-Katastrophe – liefen die drei Schiffe der sogenannten Imperatorklasse, »Imperator«, »Vaterland« und »Bismarck«, vom Stapel. In ihrer Geschwindigkeit blieben sie mit weniger als 25 kn zwar hinter der »Mauretania« zurück, dennoch waren sie mit 51 000, 55 000 und 57 000 BRT die größten und mit einer Bausumme von 35 bis 40 Millionen Mark sicherlich auch die teuersten Schiffe. Die »Bismarck« blieb jedoch während des ersten Weltkrieges unfertig liegen. Die beiden anderen waren auch schon mit Dampfturbinen ausgerüstet, deren Leistungen von mehr als 44 400 kW (60 000 PS) auf vier Schrauben übertragen wurden. Während »Imperator« 3 800 Passagiere an Bord nehmen konnte, waren es bei der »Vaterland« 4 160, und davon je über 60 % Zwischendeckpassagiere. Als nun die Hamburg-Amerika-Linie einen höheren Anteil an der Beförderung der Zwischendeckpassagiere forderte, der

Bremer Lloyd sich aber widersetzte, kündigte die HAL 1913 den Vertrag des Nordatlantischen-Dampfer-Linien-Verbandes. Ein drohender Konkurrenzkampf zwischen beiden deutschen Monopolreedereien konnte nur durch das persönliche Eingreifen des Kaisers verhindert werden. Zuvor hatten sich die beiden deutschen Großreedereien bereits mit dem amerikanischen Morgan-Trust, der 1902 gegründeten »International Mercantile Marine Company« (IMMC), über gegenseitige Interessengebiete verständigt und sogar Dividendenausgleichszahlungen vereinbart. »A big game of bluff!«

Im Vergleich zur Passagierschiffahrt hielten sich die Größen der Frachtschiffe vorerst in bescheideneren Dimensionen. Große oder gar »Riesenschiffe« waren bei der differenzierten Warenstruktur sowie einem zeitlich und gebietlich schwankenden Transportaufkommen unökonomisch. Der Allzweckdampfer zwischen 2 000 und 5 000 BRT war es, der den Handelsseglern »die Frachten wegnahm« und schließlich den Sieg der Dampfer über die Segler davontrug. Gleichzeitig schritt nach Trennung von

Allzweckdampfer

Dampfschiff-Segelschiff-Entwicklung (in Registertonnen)

Passagier- und Frachtschiffahrt innerhalb des Gütertransportes der Bau von Spezialschiffen fort.

Mit Beginn des 20. Jahrhunderts hatte sich das Verhältnis der Seglertonnage zur Dampfertonnage grundlegend geändert. Entfielen um 1870 erst rund 10 % der Welttonnage auf Dampfschiffe, so verkehrte sich dieses Verhältnis bis zum ersten Weltkrieg ins Gegenteil. Die Anteile der Segelschiffe sanken unter 10 % ab. Zugleich begann sich in dieser Zeit das monopolistische Deutschland in einer beispiellosen Expansion den zweiten Platz hinter dem nach wie vor dominierenden Großbritannien zu sichern. 1914 erreichte Deutschland einen Anteil von 10,8 % an der Welthandelstonnage, die 47 Millionen BRT umfaßte.

Rotieren statt schwingen – Diesel statt Dampf!

Thronjubiläum in England – Festtag in England! Man schrieb das Jahr 1897. Queen Victoria feierte den 60. Jahrestag ihrer Inthronisation. An der Südküste von Spithead hatte die Royal Navy zu einer großen Flottenparade Aufstellung genommen. Tausende erwarteten voller Spannung den Beginn des militärischen Spektakels. Jeden Augenblick mußte die Monarchin mit ihrer Barkasse erscheinen. Doch plötzlich Unruhe, Nervosität und Erregung, nicht nur unter den Zuschauern, viel mehr unter den Militärs. Zwischen den ankernden Paradeeinheiten kurvte ein kleines Boot von 44 t Wasserverdrängung. Provozierend näherte es sich mal diesem, mal jenem Kriegsschiff. Jeder konnte es sehen, ja, jeder sollte es sehen, vor allem die Herren von der Admiralität. Und die Parade hatte noch nicht begonnen, da kam bereits der Höhepunkt. Als sich Torpedoboote dem Fremdling näherten, um ihn aufzubringen, fegte der Zwerg mit 34,5 kn den schnellsten Schiffen der königlichen Marine – sie schafften nur 27 kn – auf und davon. Zunächst Verblüffung und Konsternation, dann Jubel und Begeisterung. Die Sensation war perfekt, ein neuer Held geboren. Sein Name: Charles Parsons (1854–1931). Sein Erfolgsgeheimnis: ein neuer Antrieb, die Dampfturbine.

Der unausweichliche Zwang nach immer schnelleren Schiffen führte zu immer höhergezüchteten Dampfmaschinen. Um die Jahrhundertwende waren jedoch ihre Leistungsgrenzen erreicht. Die hin- und hergehenden Massen der Kolben und schwingenden Pleuel setzten der Drehzahlerhöhung ein Limit. Man konnte dies nicht nur theoretisch berechnen, sondern auch praktisch erfahren;

dann nämlich, wenn abgerissene Pleuelstangen um sich schlugen oder wie Geschosse durch Maschinenraum und Bordwand fetzten. Bei Parsons' Turbine gab es keine schwingenden Massen mehr. Es gab nur noch rotierende Teile. Der aus Düsen strömende Dampf wurde gegen Schaufelräder gelenkt. Auf diese Weise wurde eine unmittelbare Drehbewegung erreicht.

Den neuen Antrieb, der bereits 1884 von Parsons entwickelt worden war, wollte aber vorerst keiner haben. Auch nicht die britische Admiralität. Noch präsentierte sich das Neue mit einem relativ höheren Kohleverbrauch unökonomischer als die Verbundmaschine. Zehn Jahre später baute Parsons seine »Turbinia«. Und als das Schiff den schnellen englischen Torpedobooten davongefahren war, hatte Parsons den Durchbruch für seine Erfindung erzielt. Die ersten Aufträge kamen dann auch von der Royal Navy für Torpedoboote. Das erste mit einer Turbine ausgerüstete Handelsschiff stellte Parsons 1901 mit der 551 BRT großen »King Edward« in Dienst.

Die Vorteile der Turbine ergaben sich aus einer Vereinigung von größter Leistung in einer einzigen Einheit, aus günstigem Dampfverbrauch, geringer Bauhöhe, kleinem Raumbedarf der Anlage, vibrationsfreiem Lauf, Unempfindlichkeit und Leichtigkeit der Bedienung. Maschinenleistungen wie bei der »Mauretania« mit über 51 500 kW (70 000 PS) – und das bereits 1907 – oder bei der Imperatorklasse mit mehr als 44 400 kW (60 000 PS) wären mit Kolben kaum mehr geschafft worden, gleich gar nicht bei den späteren »Ozeanriesen«, die alle das »Blaue Band« trugen.

1928 »Bremen«, Norddeutscher Lloyd, 51 656 BRT, 91 875 kW (125 000 PS);

1932 »Normandie«, Generale Transatlantique, 83 243 BRT, 117 900 kW (160 000 PS) (Turboelektrik);

1936 »Queen Mary«, Cunard-White-Star-Line (inzwischen fusioniert), 81 235 BRT, 119 370 kW (162 000 PS);

1939 »Queen Elizabeth«, Cunard-White-Star-Line, 83 673 BRT, 147 000 kW (200 000 PS).

Andererseits ermöglichte die Dampfturbine erst den Bau dieser Riesenschiffe und rechtfertigte auch hier ihren Einsatz. Dem Vorteil der Turbine standen auch Nachteile

»Turbinia«

gegenüber. So blieb bei gleicher Leistung eine Turbine nur dann leichter als eine Kolbendampfmaschine, und ihr Kohleverbrauch lag nur dann niedriger, wenn die Turbine selbst groß genug war und mit hohen Drehzahlen lief. Verminderte Drehzahlen ließen den Kohleverbrauch beträchtlich anwachsen. Und das war es auch, was Parsons anfänglich so wenig Interessenten finden ließ.

In der Schiffahrt blieben die Dampfturbinen während der ersten Hälfte des 20. Jahrhunderts – in einer Weiterentwicklung als turboelektrischer Antrieb, bei dem die Turbine Generatoren antrieb und Elektromotoren wieder die Schrauben trieben – weitgehend auf die Luxus-Liner, die »Paradepferde« der Dampfschiffahrt, beschränkt. Bei den kleineren Schiffseinheiten dominierte nach wie vor die Compoundmaschine, vor allem die Dreifach-Expansionsmaschine. Im unteren Leistungsbereich blieb sie vorerst am zuverlässigsten, am einfachsten zu fahren und auch zu warten. Eine zusätzliche Effektivität erhielt der Dampferbetrieb durch eine technische Neuerung: den Übergang von der Kohle- zur Ölfeuerung.

Ab 1930 wurden mehr als drei Viertel aller Dampferneubauten der Welt mit Ölfeuerung ausgestattet. Dadurch war man zunächst auch konkurrenzfähiger gegenüber einer völlig neuen Antriebsmaschine; diese vermochte sich deshalb anfänglich nur langsam durchzusetzen.

Hatte Parsons' »Turbinia« wegen der hohen Geschwindigkeit Erstaunen und Bewunderung ausgelöst, so erregte ein Jahrzehnt später ein anderes Schiff ob seines Aussehens ebenso starkes Interesse in der nautischen Welt. Wie bei vielen Dingen im täglichen Leben die äußere Erscheinung von wesentlicher Bedeutung für eine Beurteilung sein kann, durfte dabei auch die Dampfschiffahrt keine Ausnahme machen. »Kleider machen Leute« – warum nicht ein schönes Profil auch für ein Dampfschiff? Eher wurden falsche Rauchzüge aufgesetzt, als daß man mit einer »geschmacklosen« Schornsteinanlage fuhr. Und nun kam ein Schiff daher, das besaß überhaupt keinen Schornstein! Es zog keine langen und dunklen Rauchfahnen hinter sich her. Von Geisterkräften schien es vorwärts bewegt zu werden.

Mit Absicht hatte man auf den Schornstein verzichtet,

um so aller Welt den neuen Antrieb zu dokumentieren. Im Innern des Schiffes befand sich keine Dampfmaschine mehr, sondern ein Dieselmotor.

Die 1912 in Dienst gestellte »Selandia« war das erste ozeangehende Schiff mit Dieselmotoren. Einige kleinere Motorboote mit Dieselantrieb gab es bereits. Das Schiff war bei Burmester & Wain in Kopenhagen gebaut worden. Die Größe betrug 4 950 BRT. Die beiden Propeller wurden von zwei Motoren mit je 919 kW (1 250 PS) angetrieben. Der Besanmast diente als Auspuff. Der Brennstoff wurde im Doppelboden des Schiffes gebunkert. Bei einer Marschfahrt von 11 kn reichte der Inhalt für 30 000 Seemeilen. Bis 1936 fuhr das Schiff auf der vorgesehenen Route Kopenhagen—Bangkok. Über norwegische und finnische Eigner kam es dann als Charterschiff nach Japan, wo es 1942 strandete.

Nach Überwindung von Kinderkrankheiten sowie unter dem Druck des ersten Weltkrieges, der zahlreiche Länder von den traditionellen Kohlelieferanten England und Deutschland abgeschnitten hatte, war der Diesel für die

»Selandia«

»Gripsholm«

Schiffahrt zweckentsprechend weiterentwickelt worden.
Am 21. November 1925 ging dann das erste mit Dieselmotoren ausgerüstete Passagierschiff auf die Jungfernreise.
Es gehörte der Svenska-Amerika-Linie und war auf den
Namen »Gripsholm« getauft worden. Rumpf und Innen-
einrichtung waren in England, die Dieselmotoren neuerlich
bei Burmester & Wain in Dänemark gebaut worden. Dem
18 000 BRT großen Schiff verliehen die beiden Motoren mit
insgesamt 9 712 kW (13 500 PS) eine Geschwindigkeit von
17 kn.

Mit Beginn der 20er Jahre erwies sich der Dieselmotor
als der eindeutig rentabelste und damit überlegene Antrieb
in der Schiffahrt. Der von Rudolf Diesel (1858–1913)
entwickelte Motor trat seinen Siegeszug um die Welt an.
Erst mit dem Aufkommen der Superschiffe während der
letzten Jahrzehnte nahm infolge der begrenzten Leistungs-
höhe des Dieselmotors die Anzahl der mit Dampfturbinen
angetriebenen Schiffe wieder zu.

Epilog

Ein Hauch von Nostalgie breitet sich aus, wenn auf unseren Flüssen hier und da noch ein Dampfer, ein Oldtimer der Wasserstraßen, aufkreuzt. Für einen Augenblick erinnert uns dieses Bild daran, wie die von Maschinen angetriebene Schiffahrt begonnen hat. Mühevoll und schwierig war der Weg, verbunden mit vielen Opfern und persönlichem Leid. Immer wieder hatte der Mensch in den zurückliegenden Jahrhunderten versucht, mit Hilfe vielfältiger Mechanismen die begrenzten eigenen Muskelkräfte mit dem Ziel zu überlisten, stärkere Kräfte im Schiffsantrieb zu erzeugen, um von Wind und Strömung, den Launen der Natur, unabhängig zu sein. Erst mit der Wattschen Dampfmaschine seit Ende des 18. Jahrhunderts stand die nie erlahmende Kraftmaschine zur Verfügung. Doch waren die ersten Schiffsmaschinen unwirtschaftlich, groß und schwer. Auch fuhr man vorerst nicht in jedem Fall absolut schneller als ein Segelschiff. Deshalb war es nicht verwunderlich, wenn damals ein »Schiff« einen Dampfer überholte. Noch hatte ein Dampfer ja nicht die Ehre, als ein Schiff bezeichnet zu werden! Schließlich setzten sich aber Wirtschaftlichkeit, Regelmäßigkeit, Pünktlichkeit und auch die Schnelligkeit der Dampfschiffe durch.

Grundlegend waren die technischen und technologischen Veränderungen, die sich im 19. Jahrhundert — relativiert auf das Alter der Schiffahrt — sozusagen in Bruchteilen von Minuten vollzogen. Nicht mehr Segel und Holz, sondern Dampfmaschinen und Schiffsschrauben sowie Eisen und Stahl bestimmten Antrieb, Vortrieb und Baumaterial. Das Dampfschiff beschleunigte, verbilligte und vervielfachte — es revolutionierte — den Transport auf

Atom-Eisbrecher »Lenin«

Flüssen, Meeren und Ozeanen. Grundlegend veränderten
sich aber auch die sozialökonomischen Bedingungen. Nicht
mehr Treidler und Ruderknechte sowie Matrosen zum
Setzen, Reffen und Einholen der Segel, sondern Maschinisten. Heizer und Kohlentrimmer wurden gebraucht,
Menschen, denen unter kapitalistischer Ausbeutung – und

nur über die Ausbeutung wird im Kapitalismus auch der technische Fortschritt realisiert – oft kaum ein besseres Los als das der Galeerensklaven beschieden war. Nicht mehr handwerklich-zünftig betriebene Reedereien, sondern Großbetriebe, Aktiengesellschaften, Monopolreedereien begannen in der Schiffahrt Verkehr und Transport zu diktieren. Die übermächtige Konkurrenz bedeutete für viele selbständige Unternehmer wirtschaftlichen Ruin.

Mit Beginn des 20. Jahrhunderts wurde die Dampfmaschine in der Schiffahrt – da das Bessere stets Feind des Guten ist – vom Dieselmotor verdrängt. Und diese Kraftmaschine wird ihre dominierende Stellung zumindest so lange behalten, so lange die Vorräte des Treibstoffes Erdöl ausreichen. Welche Kraftmaschine im Schiffsantrieb dann vorherrschen wird, läßt sich gegenwärtig nicht eindeutig beantworten, hängt doch eine derartige Aussage von vielerlei technischen und ökonomischen Faktoren ab. Daß bereits neue Antriebskräfte in der Handelsschiffahrt getestet werden, beweisen die in mehreren Ländern gebauten Schiffe mit Kernenergieantrieb. Als erstes derartiges Schiff der Welt wurde 1960 der sowjetische Atom-Eisbrecher »Lenin« in Dienst gestellt.

Oder fährt man gar mit neuerlicher Nutzung der Windkraft ins Atomzeitalter? Derartige Projekte, den Wind – zusätzlich – wieder zum Antrieb von Schiffen zu nutzen, wurden in jüngster Zeit angesichts sich allgemein verknappender Erdölreserven aus einzelnen Ländern (u. a. Sowjetunion, Japan) bekannt. So hat man z. B. in japanischen Gewässern den Prototyp eines Segeltankers getestet. Der 700-Tonner »Shin Aitoku Maru«, gebaut auf einer Werft in Kure, ist 60 m lang. Das Schiff verfügt über zwei Kunststoffsegel von je fast 100 m² Fläche. Für Flaute und Gegenwind ist ein 1 200-kW-Dieselaggregat installiert. Bei einer Windgeschwindigkeit von 55 km/h erreicht das Schiff allein unter Segel eine Geschwindigkeit von etwa 15 kn. Die Segel, an Metallrahmen befestigt, werden von computergesteuerten Elektromotoren gespreizt oder gegen die Stahlmaste gefaltet. Dieser japanische Segeltanker mit 8 Mann Besatzung braucht nur die Hälfte des Treibstoffes, den ein ausschließlich maschinengetriebenes Frachtschiff gleicher Größe erfordert.